はじめに

　この本を手に取られた方の中には、実際に気がかりなお子さんがおられる方も少なくないと思います。そのような方に1つだけお願いがあります。それは、この本を、子どもに診断名を付けるためだけに使わないでくださいということです。

　子どもたちの行動には、意味がなさそうに見えることがたくさんありますが、実は意味のない行動など1つもありません。発達障害と呼ばれる子どもたちは、そうでない子どもたち以上に、その行動の意味が読み取りにくい子どもたちですし、そのわたしたちにとって意味不明の行動を、わたしたちの規準に合わせようとすると、とんでもない困難に遭遇するような子どもたちです。発達障害の診断名は、その意味不明さを読み解くためのキーワードだと考えていただくほうがよいのではないかと思います。
　キーワードを糸口にして行動の意味を理解しようとすることは、その子どもの全体像を理解しようとすることにつながります。全体像を理解するというのは、仮に人を困らせる行動があったとしても、その問題行動が単体で存在するわけではないということです。そしてそれは、あなたが発達障害というものをより深く理解することにつながるはずです。この深まりには限界がありません。
　ですから、発達障害に対する理解が深まれば、それだけ子どもたちの行動のより深い意味がわかってくるはずです。
　この深まりがどこに行き着くのかというと、発達障害としての特性をもちながらどのようにしてこの（発達障害ではない人たちとも共同の）世界を生きていくか、

その方法を1つのライフスタイルとして理解していくということです。周囲にそれを理解してくれる人がいるということは、その子どもの生き方をどれだけ楽にしてくれるかわかりません。あなたにその1人になっていただけたら、子どもにとってはこのうえなくうれしいことであるに違いありません。

　わたしは、子どもを『愛する』というのはそういうことではないかと思うのです。子どもは、自分の行動のある部分だけを切り離してではなく、全体の中の一部として理解し受け止めてもらえたときに、「愛してもらえた」と感じるに違いありません。発達障害のある子どもたちは、この愛されているという感じをもちにくいと思われがちですが、決してそうではありません。周りの大人たちのその子どもに対する理解がバラバラになってしまいやすいだけなのです。

　子どもの全体像が見えたと思えるまでには、思いがけない失敗を含む生活の積み重ねや、支え手となってくれる人たちの手助けなどが必要になるかもしれません。そうしたことの入り口にこの本があってくれたらいいと、心から願っています。

2015年12月　　田中　哲

発達障害のある子を理解して育てる本
Contents

はじめに ....●2

序章 あれ？ うちの子ちょっと……と思うとき

うちの子、発達障害ですか? ....●10
0〜1歳の発達過程と気になる姿／育ちのようす ....●12
1〜3歳の発達過程と気になる姿／育ちのようす ....●16
3〜5歳の発達過程と気になる姿／育ちのようす ....●20
5歳〜の発達過程と気になる姿／育ちのようす ....●24

1章 発達障害って？ 発達障害の基礎知識

発達障害のとらえ方 ....●28
発達障害と診断されたら ....●34
自閉症スペクトラム障害（ASD） ....●36
Column 感覚の偏りがあると…… ....●42
注意欠如多動性障害（ADHD） ....●44
学習障害（LD） ....●50
発達性協調運動障害（DCD） ....●56
そのほか気になる……愛着障害と二次障害 ....●60

2章 こんなときどうしたら？
気になる姿と対応

子どもたちの気になる姿 …………………………………………………………………… ●64

🟠 生活

Case:1	歯磨きやつめ切り、耳掃除を嫌がる ……………………………………	●66
	やってみよう! 触覚を育てるあそび ……………………………………	●69
Case:2	服のタグや手袋、砂・泥など、肌に触れることを嫌がる ………………	●70
Case:3	お風呂やシャワーを嫌がる ……………………………………………	●74
Case:4	夜なかなか眠れない、朝起きられない …………………………………	●77
Case:5	食事の好き嫌いが激しい、食べ方にむらがある ………………………	●80
Case:6	食事に時間がかかる、落ち着いて食べられない ………………………	●83
Case:7	おむつが取れない、おもらししても平気 ………………………………	●86
Case:8	着替えがうまくできない、なかなか進まない …………………………	●90
Case:9	朝の支度がなかなか進まず、忘れ物も多い ……………………………	●94
Case:10	整理整とん・片付けが苦手で、部屋は散らかり放題 …………………	●97

🟠 コミュニケーション

Case:11	人に触られることを嫌がる、なかなか目が合わない …………………	●100
Case:12	人とかかわらず、いつも1人 ……………………………………………	●103
Case:13	言葉がなかなか出ない …………………………………………………	●106
Case:14	話が一方的で、会話が成立しにくい …………………………………	●110
	Column 相手の視点に立つとは……「心の理論」の発達 …………	●114
Case:15	人の嫌がること・傷つくことを言ってしまう …………………………	●115

🟠 あそび・外出

Case:16	友達とのトラブルが多い ………………………………………………	●118

Case:17	順番・ルールが守れない、負けることが許せない	121
Case:18	集団場面が苦手、行事に参加できない	124
Case:19	体の動きがぎごちない、運動あそびが苦手	128
Case:20	不器用で製作など手先の作業が苦手	132
	やってみよう!「自分の体」への意識が高まる　感覚・運動あそび	134
Case:21	予定の変更が許せず、パニックになる	138
	Column パニックとは	141
Case:22	公共の場で騒ぐ、よく迷子になる	142
Case:23	音に敏感すぎる、騒音の多い所が苦手	146

■ 学習

Case:24	落ち着きがなく、授業に集中できない	149
Case:25	文章を読むことが難しい	152
Case:26	文字をうまく書けない	155
Case:27	算数・計算が苦手	159
	やってみよう! 見る力・聞く力・覚える力を高めるあそび	162

3章 相談・支援を求めるとき 各機関での対応

どこに相談したらいい?	166
子どもの発達にかかわる機関	168
健診を活用して	170
診断するとき　されるとき	172
Column 診断は、子どもの「育ち方」や「伸び」を見て	175
薬による治療は?	176

手帳や受給者証は必要?	178
療育機関ってどんな所?	180
[Column] 療育のようす	182
保育所・幼稚園での対応は	184
就学はどうしたらいい?	188
学校での支援は	194
将来の進学、就労は?	196

4章 家族で支えるために
家族間の連携

自分自身のケア・サポート	198
[Column] こんな思い、どうしたらいい?	199
家族間の連携を図るには	202
[やってみよう!] あなたはどのタイプ?	203
パートナー(配偶者)との関係	204
祖父母との関係	206
[やってみよう!] 育児ファイルを作ろう	207
きょうだいとの関係	208
[Column] 家族会を活用して	210

〈資料〉診断基準・判断基準 …… 211
ASDの診断基準／ADHDの診断基準／LDの判断基準

さくいん	218
おわりに	222

序章

あれ？
うちの子ちょっと……
と思うとき

子どもの発達が気になるというとき、
まずは子どもがどのように育っていくのかを知ることが大切です。
0歳からの育ちの過程を各段階での
気になる姿も踏まえて見ていきましょう。

うちの子、発達障害ですか？

最近よく聞く親御さんの声です。

- もうすぐ3歳なのに全然しゃべらないんです。自閉症ですか？
- ちっともじっとしていなくて、大声を出したり走り回ったり。わたしの育て方が悪いんでしょうか。
- ひどいかんしゃくもちで、怒るとパニックになります。
- 運動が苦手。手先も不器用で、着替えもなかなか進みません。
- 園の先生に、乱暴で困るって言われました。うちでは妹をすごくかわいがって、優しい子だと思っていたのに……。
- まったく人とかかわらず、いつも1人。友達ができません。

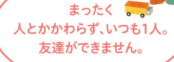

こうした子どもたちの気になる姿……

ほかの子どもたちと比べて○○ができない、ちょっと気になる、
もしかしたら、発達障害かも……という思い、
これらは、年齢や置かれている状況・環境によって、少しずつ変化します。
例えば、2、3歳で落ち着きなく動き回っていてもあまり気になりませんが、
小学校に入り、授業中に同じ状態だと、「気になる子」になってしまいます。
1歳で、いつも1人であそんでいる子は、おとなしくていい子と言われるかも
しれませんが、4、5歳でまったく友達とかかわらないとなると、
やはり気になります。

発達障害の診断もまた、その子どもの年齢に応じた発達としてどうか、
置かれている環境の中で、生活に支障が出ているか、困難が多いか、
といったところを見ていきます。
そして、今、この年齢でこの環境で、このような状態なのであれば、
このような支援が必要だろう……と判断されるのです。

ですから、子どもの発達が気になるというとき、
まずは、子どもがどのように育っていくのか、
その発達のプロセスを知っておく必要があります。
多くの子どもたちはこの年齢でこんな姿、ということを知っているからこそ、
この部分の育ちがゆっくりなのかもしれない……という見立てができるのです。

そこでまずこの章では、0歳からの発達過程と、
各段階において親が気になる姿を見ていきましょう。
「できる・できない」を確かめるのではなく、
この部分が少し育ちにくいのかも……という視点で、
今、子どもに必要なかかわりが何かを知る手がかりにしてください。

序章　あれ？　うちの子ちょっと……と思うとき

0〜1歳 の発達過程と気になる姿

	からだ	こころ	ここが気になる！
0（か月）	＊原始反射が見られる ＊音に反応する ＊声を出す	＊じっと見る ＊親を目で追う	泣かない、あやしても笑わない、反応が薄い。
3	＊首がすわる	＊あやすと笑う ＊興味のある物を見つめる ＊物に手を伸ばす	
6	＊寝返りをする ＊お座りをする ＊両手を使ってあそぶ ＊はいはいをする	＊いないいないばあを喜ぶ ＊知らない人をじっと見る ＊人見知りをする ＊なん語（あーあーなど）が盛んになる	寝返りをしない、座らせてもすぐに倒れてしまう。 抱っこやおんぶを嫌がる。
9	＊つかまり立ちをする ＊伝い歩きをする	＊手さし、指さしをする ＊バイバイをする ＊親と一緒に同じものを見る（共同注意）	人見知りしない、親の後追いをしない。
12	＊1人で立つ		

0〜1歳 育ちのようす

序章 あれ？ うちの子ちょっと……と思うとき

周りの環境を知るのに必要な「感覚」が育ちます

　赤ちゃんはお母さんのおなかの中で、自分の体の動きや位置、羊水の温度、指しゃぶりの感覚、外から聞こえる音などを感じています。そして生まれてからもこの感覚の発達は続きます。

　生まれてすぐ、重力を感じ、抱きかかえられると体の傾き（バランス）を感じます。おっぱいやミルクを飲むことで触れられる感覚、におい、味を感じます。生後1、2か月では、20〜30cmの距離しか見えませんが、人の顔かそうでないかは識別できます。音はおなかの中にいるときと同じようによく聞こえています。

　こうして赤ちゃんはさまざまな感覚を駆使して、自分の身の回りに起こっていることを感じ取り、理解し、脳を発達させていきます。

泣きすぎる赤ちゃん、泣かなすぎる赤ちゃんは……

　おむつがぬれた、おなかがすいた、眠いなど不快を感じて泣くと、お母さんが来て不快感を取り除いてくれる。お母さんが笑いかけ、話しかけ、触れ、心地よい感覚を与えてくれる。このように赤ちゃんは感覚を介して、この世界は安心で安全であると理解します。

　赤ちゃんが泣きすぎる、泣かなすぎるという場合は、感覚が敏感すぎて不快を強く感じているか、もしくは鈍感すぎて不快を感じられないのかもしれません。

　「泣く原因がはっきりしているか？」「その原因を取り除くと泣きやむか？」という視点でとらえていくことが大切です。

自分の意思で体を動かせるようになります

　運動機能も、感覚をベースに発達していきます。生後間もなくは、まだ自分の意思ではなく外からの刺激に反応して手足を動かすという「原始反射」に支配されて

います。しかし徐々に周りの環境に適応し、3、4か月ごろから自分の意思で体を動かせるようになります。首がすわり、寝返りをし、少しの間座っていられるようになります。

　この発達が2、3か月遅れても心配することはありませんが、周囲の人や物に興味を示し、体を動かそうとしているかを見てみましょう。動こうとする意欲があるかどうかが最も重要です。

　それでもなお、動きが気になるという場合、やはり感覚の視点で考えます。例えば、寝返りやお座りができないのは、関節の動かし方や力の入れ加減がわからない可能性があります。関節や筋肉に刺激を入れることやマッサージが有効です。また、抱っこやおんぶを嫌がるのは寝ている姿勢から急に体勢（頭の位置）が変わることで、バランス感覚の不安定さを強く感じている場合があります。まず寝ている姿勢で抱っこし、少しずつ縦に抱くようにしてみましょう。触覚が敏感で触られるのが嫌ということもあるので、その場合は、触っても大丈夫な場所や触り方を探します。

お母さんとの愛着が築かれます

　「泣く」「見つめる」「ほほえむ」などで周囲の人の注意を引き付ける赤ちゃん。生まれたときからコミュニケーションが始まっています。3か月ごろには、お母さんの目をよく見るようになり、このころからお母さんも積極的にあやして、赤ちゃんの笑顔を引き出します。こうした母子の応答的なかかわりを通してお母さんへの絶対的な信頼感、安心感がはぐくまれます。これが「愛着」のスタートです。

　愛着の形成には、こうした応答的なかかわりのほか、スキンシップも大切です。抱っこや触れられることを嫌がる子どもの場合、どうしてもスキンシップが少なくなり、それが愛着を築きにくくする要因になることもあります。

相手と同じものを見る=「共同注意」が発達します

　お母さんとの心地よいコミュニケーションが、10か月ごろには「共同注意」という発達につながります。「共同注意」とは、視線や指さしなどを利用して、大人と一緒に同じものを見ることであり、興味を共有したいという気持ちの表れ。この発達の過程で、お母さんとの愛着を深くしていきます。

　この発達も個人差があるので、この時期に指さしや共同注意が見られなくても焦ることはありませんが、お母さんと視線を交わし、交流が成立しているかどうかは観察してみましょう。

笑わない、人見知りをしない……人への関心を育てましょう

　愛着が形成されるこの時期に、あやしても笑わない、反応が薄いというのは、人への関心が芽生える前の段階、人より物へ関心が向いているのかもしれません。赤ちゃんが見つめる物の横に大人の顔がくるようにするなどして、人の顔に気づかせていきましょう。
　人見知りや後追いをしないのも、すぐに心配する必要はありませんが、人への関心をはぐくむことは大切です。「いないいないばあ」など、大人との1対1が成立しなくても、おもちゃを間に置くと楽しくあそべるのなら、その際、視線が合う機会をつかまえてほめたり、その子の喜ぶスキンシップ（くすぐる、頭をなでるなど）をしてみましょう。おもちゃへの関心を、徐々に大人へとスライドしていけたらよいですね。

1〜3歳の発達過程と気になる姿

年齢	からだ	こころ	ここが気になる！
1（歳）	＊積み木を2個積む ＊1人で歩く	＊うれしいとき、何かしてほしいとき、大人の顔をのぞき込む ＊名前を呼ばれるとタイミングよく反応する	親に甘えてこない。呼んでも反応がない。
1.5	1歳6か月健診 ＊両足跳びや段差からの跳び降りに挑戦する ＊走る	＊なぐりがきをする ＊聞かれた物を指さして答える ＊「イヤ」やだだこねが多くなる ＊テレビや大人の身振りをまねる ＊二語文が出る	なかなか歩かない。動かない。
2	＊スプーンを持って食べる ＊ズボンやかぶり物の着脱をする	＊「できた」と大人に報告する 	言葉が出ない。しゃべっても単語を言うだけ。
2.5	＊手を使わずに階段を上る	＊十字や丸をかく ＊なんでも自分でやりたがる	ひどいかんしゃくで、一度怒り出すとなかなか収まらない。
3	3歳児健診 ＊積み木を10個積む		動き回り、一時もじっとしていない、すぐどこかに行ってしまう。

1〜3歳 育ちのようす

序章 あれ？ うちの子ちょっと……と思うとき

運動機能が向上し、探索活動が盛んになります

　1歳前後から歩行が始まります。「歩く」には、筋肉や関節へ適切に力を入れて姿勢を保つ、両眼をチームワークよく使って距離感をつかむ、頭と体のバランスをとって転ばないよう、ぶつからないよう調整する……といった力が必要。歩行ができるということは、これらが順調に発達している証でもあります。

　基本的な運動能力が向上するにつれ、鉄棒にぶら下がったり、滑り台をすべったり積極的にあそぶようになります。3歳ころには、力いっぱい走れるようになり、片足立ちやジャンプもするようになります。

動きすぎ、動かなすぎが気になったら

　運動能力が著しく向上するこの時期、動きが活発になるのは、発達として当然です。多動が激しく、一時もじっとしていないからといって、あまり気にする必要はありませんが、体の内側から突き動かされるように動き続ける、逆に動かなすぎという場合は少し気をつけて見てみましょう。体の内側に感じる感覚がうまく働いていないことが考えられます（P.42参照）。また、呼びかけても聞こえていないというほどボーッとした状態が強いのも、この時期の発達としては少し気になる状態です。

爆発的に言葉が増える時期です

　6か月ごろに声や言葉を聞き分けられるようになり、9か月ごろには句を1つのまとまりとしてとらえられるようになります。1歳ごろには、単語の意味を区別できるようになります。理解できる言葉を蓄え、いよいよ1歳半くらいから単語をつなげて発語し始めます。そして2歳までに約400語、2歳半までには900語くらいを習得し、このころには助詞も使い分けられるようになってきます。爆発的に言葉

が増えるという印象です。

　ところが、発達の偏りから人への関心が向きにくい子どもは、0歳児で声や言葉を聞き分けるといった言葉の発達がなかなか進みません。もともとのスタートが遅れるのですから、多くの子どもが話し始める1歳半になっても、言葉が出ないということになります。

　重要なのは言葉を共有する人とのつながり。まずは、大人とのかかわりの中で、語いを獲得していくことを考えましょう（P.108参照）。言葉の発達は、個人差や、環境（かかわり方）に大きく左右されます。

人とのかかわりを求めるはずなのに……

　大人との関係を中心に、人とのやり取りがさらに盛んになります。「自分の興味のある物を持ってきて「見て見て」と言う、大人の注意を引こうといたずらや泣き

まねをする、大人にほめてもらうと喜んでまた同じ行動をしようとするなど、人から自分を認めてもらうことに喜びを感じます。

ところが、ものすごく人を求めるこの時期、人に関心がなく目が合わない、親の顔さえ見ないという子がいます。なんで親を求めてこないのだろうと、悲しくなってしまうことも。少し意図的に関係を作っていく必要があります。まずは親子の1対1の関係作りを丁寧にすることから始めましょう。

「イヤ」「ダメ」「ジブンデ」の毎日

体が自由に動き、手先の操作も上手になるのと相まって、「自分でやりたい」という主張も強くなります。少し難しいことに挑戦し、「できた！」という達成感を味わうことも。大人に認められ、達成感をもちながら意欲的にあそびや生活を営んでいきます。

その一方、思うようにできなくてイライラしたり、自己主張が強すぎて反抗的になったりしますが、それも大切な発達の過程。おおらかに見守りたいものです。

着替えや物の片付け方など、子どもなりのこだわりがあって、その手順で進めないとダメ、ということもあります。その主張は尊重しつつ、でもここはお母さんに手伝わせてね、と折り合う方法を探していけるといいですね。

自己主張が強すぎる子、まったくない子

ただ、あまりにひどいかんしゃくが長く続く場合、これも発達過程ととらえるか、少し心配な状態ととらえるか、難しいところです。逆に、まったく自己主張がないのも気になります。園など集団生活においては、場面に関係なくかんしゃくを起こす、まったく周囲に関心を示さないなどは気になる状態ととらえられることが多いようです。保育者さんから「少し心配なんですが……」と話を向けられることがあるかもしれません。

これらの姿の背景に発達障害があることも考えられますが、この年齢の場合、診断をするのは難しいケースがほとんどでしょう。障害かどうかを気にするより、何に困っているのかを知り、適切な対応を考えることが大切です。園側と相談しながら、適切なかかわり方を探していけるといいですね。

3〜5歳の発達過程と気になる姿

	からだ	こころ	ここが気になる!
3(歳)	3歳児健診		
		＊自分の名前を言う ＊「なんで?」と質問するようになる	落ち着きがなく、すぐどこかに行ってしまう。
	＊ボタン・スナップを留める		
3.5			手先が不器用で、スプーンをうまく使えない。ボタンのかけ外しができない。
	＊三輪車をこぐ	＊服の前後・表裏がわかる ＊「頭足人」をかく	
	＊片足ケンケンができるようになる	＊物の貸し借りや順番・交代ができ始める	いつも1人で同じあそびを繰り返している。
4	＊はしを使って食べる	＊3つの単語・数を覚えて復唱する	
	＊1人でだいたい着脱できる	＊ごっこあそびをする ＊特定の「仲良し」とあそぶ ＊乱暴な言葉・汚い言葉を言って面白がる	
	＊排せつを1人でする		思い通りにいかないとパニックになって手がつけられない。
4.5	＊はさみで続け切りをするようになる		
	＊ブランコやシーソーを楽しむ	＊「相手の気持ち」を考えるようになる	友達の嫌がることを言ったりやったりして、トラブルが多い。
5	5歳児健診		

3〜5歳 育ちのようす

自分の体を思った通りに動かせるようになります

　体のいろいろな部分を協調させて動かせるようになり、ボールやなわとびなど物を使った運動を楽しむようになります。また手先の細かい動きも巧みになってきます。

　こうした身体機能の発達は、基本的生活習慣の自立に結びつきます。着替えでのボタンのかけ外しや、トイレの後始末、食事でのはし使いなどに現れ、これらを大人の手助けなしにできるようになります。

　また、体を動かす体験からボディイメージ（自分の体の実感）が確立していくと、かく絵にも変化が現れます。3歳ごろにかいていた頭足人（頭から手足が出る人の絵）から、徐々に首や胴体をかくようになり、立体的になっていきます。

全身を動かすことが、手先の運動にもつながります

　3、4歳では、まだ全身運動や手先の不器用さについて心配しすぎることはありませんが、運動を極端に嫌がる、着替えなど自分でやってみたいという意欲がなくすべて大人にやってもらいたがる場合は、注意して見てみましょう。その状態のまま就学すると、運動への苦手意識から自尊心の低下につながることもあります。

　苦手意識を感じない方法で、楽しく体を動かすあそびを、生活の中に取り入れていけるといいですね。手先の不器用さについても、手先だけでなく腕や肩から全身を動かすことが、手や指の細かい動きにつながります。

人の気持ちに気づき、相手の立場で考えられるようになっていきます

　相手の視点に立って物事を理解しようとする……この発達をとげる目安は、4歳ごろからといわれています。それがうまく育っていない子どもは、常に自分の視点で物事をとらえるため、自己中心的な言動になりがちです。

4歳を迎えるころというと、保育所や幼稚園では3歳児（年少）クラスの子どもたちです。このころから、「お友達の気持ちを考えて」という大人の働きかけが増えてきますが、それを言う前に、「相手の視点に立てる」子どもかどうかを知っておく必要があるのです。

　そして4歳から5歳、友達と協力して、役割分担をし、ルールを守ってあそぶことができるようになっていきますが、それは、相手の意図や気持ちに気づき、自分の気持ちを折り合わせていこうとするから。相手の視点がわかっているからです。自分の視点が強いと、必然的に友達とのトラブルも多くなってしまいます。

　この「相手の視点に立てる」発達には、個人差があります。5歳になっても自分中心の考えが強いからと焦ることはありませんが、友達とのトラブルがあったときなど、「あなたがこのおもちゃを使いたい気持ちと、○○ちゃんの気持ちは同じ」というように、自分の視点から相手の視点に切り替えられるようにするかかわりの積み重ねが大切です。

感情や行動をコントロールすることが上手になります

　順番を待てるようになるのが3、4歳。集団の中では守らなければならないルールがあって、少しずつ我慢することを覚えていきます。「かくれんぼ」や「だるまさんがころんだ」など、ルールのあるあそびもこのころから楽しめるようになります。これらのあそびには、ルールを守ることのほか、じっとしていなくてはならない場面があり、それにより、感情や行動のコントロールが身につきます。子どもはもともとじっとしているのが苦手。まずはあそびの中で、その力を養うよう考えてみましょう。

　そうはいっても、思い通りにいかないことがどうしても我慢できず、中にはパニックになってしまう子どももいます。その子に合わせた方法で、感情のコントロール、気持ちの切り替えの練習をしていく必要があります。

集団になじめない姿が目立ってきます

　この時期、幼稚園など初めての集団生活を経験するという子も多く、園生活を通して、集団場面での適切な振る舞い、ルールやマナーを学んでいきます。その一方

で、いつもと違う環境への不安を強くする子、集団になかなか慣れず、落ち着かずに衝動的な行動が多くなる子がいます。ときにパニックになり、乱暴な行動が出てしまう……という子もいて、園生活の中では「気になる子」ととらえられてしまいます。さらに、「ここが気になる！」として挙がっている、「いつも１人で同じあそびをしている」という姿も、人への関心の薄さや興味の偏りがベースにありますが、園など集団生活に入って初めて気になる姿でもあります。

発達障害の診断を考えるケースが出てきます

　これらの気になる姿の背景に、発達障害があるケースも少なくありません。3歳児健診、5歳児健診を受ける時期でもあるため、そのときに診察を勧められ、発達障害の診断を受けることもあります。中でも自閉症スペクトラム障害は、3〜5歳ころに診断されたというケースが多くあります。
　発達障害と診断されるということには、特別な配慮が必要な子どもということを周囲の大人が共通認識できるメリットがあります。これは、困った行動が子どもの努力不足や親のしつけのせいでないと理解されるきっかけにもなるでしょう。しかし、重要なのは診断ではありません。子どもがどんなことに困っているか、そして、どんな支援が必要かを知ることのほうが大切です。

5歳〜の発達過程と気になる姿

| | からだ | こころ | ここが気になる！ |

5（歳）

5歳児健診

- ＊自分の左右がわかり始める
- ＊お手伝いをしたがるようになる
- ＊自他の能力の違いに気づく
- ＊じゃんけんを楽しめるようになる

> 人の嫌がることを平気で言って、注意してもわからない。

5.5

- ＊ひもの固結び・蝶結びができ始める

- ＊子ども同士であそぶのが楽しくなる
- ＊恥ずかしいという気持ちが出てくる
- ＊したいこと、欲しい物を我慢するようになる

> すごくネガティブで、気分が落ち込むとずっと引きずる。

6

- ＊あやとり、こま回しなど細かい作業をする

- ＊文字・数への関心が高まる
- ＊公共の場でのマナー・ルールを意識し守ろうとする

> 文字や数への興味がまったくない。

6.5

- ＊片足跳びで前進、スキップをする

- ＊まゆ・歯・服など人物画の表現が細かくなる
- ＊1日、1週間の予定がわかるようになる
- ＊相手の立場で考えたり許したりできるようになる
- ＊自分の持ち物の管理ができるようになる

> 不注意からの失敗が多い。注意しても改まらない。

> 空気が読めない。場違いな行動が多い。

7

5歳〜 育ちのようす

全身の運動が巧みになります

　全身の運動機能が発達し、ほとんど大人と同じような運動をこなせるようになりますが、発達に偏りがあると、体をなめらかに動かすことが難しく、運動への苦手意識が生まれることもあります。苦手な運動を繰り返し行うよりも、いろいろな運動あそびで楽しく全身を動かすことが大切です。

知的好奇心が高まります

　「これはどういうこと？」「どうしてそうなるの？」など、盛んに質問してきます。知識が蓄えられるにつれ、自分で工夫してあそんだり作ったりするようになります。言語も発達し、心の中でつぶやく言葉（内言語）をもち、不安なときは「大丈夫」、失敗したら「○○すればよかった」など、自分に言い聞かせるようになります。
　6歳前後には、多くの子が10まで数えられるようになり、文字を読んだり書いたりするようになってきますが、まったく興味がないという場合は、知的発達が年齢相応に進んでいるのか、気にして見ていく必要があります。

自分のことは自分でする力がついてきます

　基本的な生活習慣、自分のことは自分でするという意識が身につきます。時間の感覚も育ち、1日、1週間の予定を理解していきます。学校生活を通じて持ち物を管理し、宿題に取り組み、身の回りを清潔にする……こうした体験から自己管理もできるようになります。
　小学校低学年では、自己管理が完ぺきでなくても心配はありませんが、すべてに大人の手助けが必要だったり、生活の見通しがまったくもてなかったりする場合、子ども自身、常に不安を抱えることになります。自立（自分のことは自分でする）につながるサポートをしていきましょう。

社会性が飛躍的に発達します

　友達の家にあそびに行ったとき、電車やバス、病院や図書館といった公共の場など、さまざまな社会的場面に応じたルールやマナーを理解し守るようになります。また、相手の意図や気持ちが想像できるようになり、友達と協力して物事を成し遂げ達成感を共感することも増えてきます。年下の子の面倒を見たり、大人の手伝いを積極的にしたり、人の役に立って認められたいと感じるようにもなります。

　このように社会性の発達は飛躍的に進みますが、まだ気持ちの波が大きく揺れ動く時期でもあります。場違いな行動をとったり、うまく振る舞えなかったりしても心配することはありませんが、常に公共の場での困った行動が目立つ、人の嫌がることを言って友達とのトラブルが絶えないという場合は、社会性の発達やコミュニケーション力に心配な要素があるかもしれません。注意して見ていきましょう。

就学を機に気になる発達の姿があります

　運動発達、知的発達、生活習慣の自立が進むこの時期、大きなトピックとして就学があります。就学先を検討する過程で、子どもの発達に向き合い、心配な要素が見えてくることもあるでしょう。さらに就学後、集団活動が多くなり学習がスタートすると、今までさほど気にならなかった、不注意・多動・学習能力の偏りなどが目立つようになり、注意欠如多動性障害（ADHD）や学習障害（LD）と診断される子どもも出てきます。学校では、ほかの子と比べる機会が多くなるので、子どもの苦手がはっきりと見えてくることもあるでしょう。不注意や失敗が多い、学習が著しく進まない子どもの場合、何かができたという達成感はもちづらく、大人からはしかられがち。自尊心を保つためにも、その子に合った方法で、意識的にほめることが大切になってきます。また、自信がもてず不安を強く感じている場合は、自立を急がず、大人が不安を取り除く安全基地となることが大切です。「この年齢ならこれはできなくちゃ」とマニュアル通りに自立させようとすると、さらに子どもの不安を強くすることがあります。

　なお、専門的な支援が必要だということが明確になったなら、信頼できる専門家・サポーターを見つけることも大切です。親だけで抱え込まないためにも、ともに子育てしていく仲間作りが大切な時期でもあります。

1章

発達障害って？
発達障害の基礎知識

発達障害とは何か……という基本的なことから、
それぞれの障害についてその特性や対応のポイントを紹介しています。
障害の有無にかかわらず基本的な知識として
知っておくとよいでしょう。

発達障害のとらえ方

親のしつけや育て方が原因ではありません

　「発達障害」という言葉自体は、この10年ほどでだいぶ一般的に広まってきました。医療の現場でも、P.10に挙げたように、言葉が出ないから、お友達とうまくやっていけないから、あちらこちら動き回ってすぐどこかに行っちゃうから……「うちの子発達障害ですか？」と聞いてくる親御さんが多くなりました。一般的に広まったからこそ、あらゆる情報を取り入れすぎて混乱し、かえって不安を高めているということもあるのではないでしょうか。

　そこで、あらためて発達障害とは何か、ということから確認していきたいと思います。

　人によって少しずつとらえ方の違いはありますが、発達障害とは、

「脳の働き方に偏りがあり、物事のとらえ方や行動に目立った違いが現れ、そのことで日常生活に困難が生じる状態」

ということができます。

　ここで重要なのは、「脳の働き方に偏りがある」と、「日常生活に困難が生じる」という2つのワードです。

　まず1つ目の「脳の働き方に偏りがある」ということ。といっても、脳のどの部分がどのようにかかわっているのか、明確にわかってはいないのですが、ここで言いたいのは、発達障害の原因が、親のしつけや育て方ではないということです。発達障害のある子どもには、わがまま、自分勝手、と思える行動が見られるため、よく「しつけがなっていないからだ」と、親が責められたり、親自身がそう思い込んだりして落ち込んでしまうことも少なくありません。

　でも、はっきり「脳の働き方」とされているのです。決して親のしつけのせいではないということを、わかってほしいと思います。

発達の凸凹の差が大きい子ども

では、「脳の働き方に偏りがある」とは、具体的にどういうことなのでしょう。人の発達には、すべて脳がかかわっていますが、脳は、それぞれの部位に役割があり、いろいろな仕事を担いながら総合的に働いています。歩けるようになった、しゃべれるようになった……というようにできなかったことができるようになる、発達するのは、脳がその役割ごとにうまく働いた証拠です。

この脳の働きは、部位によって性能が異なり、1つの脳の中でも、高性能の働きをするところ、普通のところ、あまりうまく働かないところがあります。つまりこれが脳の働き方の偏り。だれにでもある発達の凸凹です。

この凸凹は、人によってあまり差がなかったり、とても大きかったりします。差があまりない場合は、「得意」と「苦手」というとらえになり、差がとても大きいと、凸は能力が高い「才能」ととらえられ、凹は、その程度によって「障害」ととらえられる場合があるのです。

発達の特性とは

「発達の特性」という言葉には、実際、明確な定義があるわけではなく、人によってその言葉にもたせる意味は異なるようです。発達障害の症状や診断基準を説明するときに、病気というイメージが強まることを懸念し、「特性」と言い換えることもあります。この場合は、「障害の特性」ともいえます。

本書における「発達の特性」は、これよりもう少し広い意味で用いています。

人には、それぞれのもののとらえ方や感じ方があり、得意なこと、苦手なこともそれぞれ違います。じっとしているのが苦手だったり、これだけは譲れない、これをしないと気が済まないというこだわりがあったり、忘れっぽかったり……。本書で用いる「発達の特性」はまさにこれです。障害のあるなしにかかわらず、みんなにあるものであり、その人のありのままの状況です。そしてこのありのままの状況・特性は、長所にも短所にもなり、それがとても強く現れて生活上の困難につながる場合、発達障害という名前が付くこともあるのです。

困っているかどうかが、1つの基準

　発達障害の特性（症状や特徴）については後ほど詳しく述べますが、そこで挙げられるものには、これって障害？　個性では？　と思うようなことがたくさんあります。「物事のとらえ方や行動に目立った違い」といっても、どの程度だと「目立った違い」になるのかは、とらえる人によって違います。

　ここでもう1つのワード「日常生活に困難が生じる」がかかわってきます。なぜなら、障害ととらえられる発達の凹の程度として、「日常生活に困難が生じているか否か」が1つの基準になるからです。

　つまり、目立った違いがあったとしても、日常生活に困難が生じていなければ、「障害」ではなく、「個性」の範ちゅう。具体的にその特性の現れ方（程度）が同じでも、生活に支障がなければ、障害と診断されないことが多くあります。発達障害は、ときに「生活障害」ともいわれますが、それにはこのような理由があるのです。

障害かどうか、その境界はあいまい

　現在、日本では、自閉症スペクトラム障害（ASD）、注意欠如多動性障害（ADHD）、学習障害（LD）、そのほかこれに類する脳機能の障害（発達性協調運動障害など）を発達障害と呼んでいます。そしてそれぞれに目立った特性があるとされ、それが診断の基準となっています。

　ところが障害かどうかの境界線はあいまいで、なおかつ、それぞれの障害についてもはっきり線引きできるものではありません。ASDの特性がありながら、ADHDの特性もある、というように、いくつかの障害が重なることもあるのです。

　例として右に、ある子どもの発達の状況（特性）を図で表しました。山が大きいほど、苦手・不得意が大きいということです。

　この子どもの場合、人とのかかわりの苦手さが特に目立っていますが、一方で、非常に多動でちょこまかと動き回る。そうなってくると、1つの診断名では説明がつかなくなります。

　以前は、自閉症と診断されたらADHDの診断名は付けられないことになってい

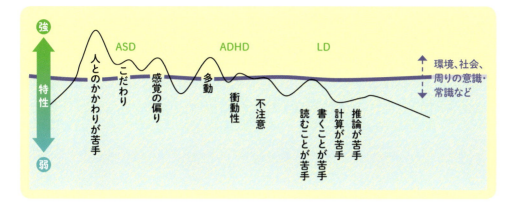

ましたが、最新の診断基準ではその縛りがなくなり、ASDでありADHDもある、という診断が認められるようになりました。いろいろな特性があり、1つの診断名で語れないケースは以前からありましたが、診断名が2つ付けられるようになったことで、「人とかかわるのが難しいのはASDの特性が考えられるけれど、常に動き回っていて落ち着かないのは、ADHDの要素かもしれません」という説明がしやすくなった、ということはあるかもしれません。

環境・常識が変わると、障害も変わる？

　障害かどうかの境界があいまいとされる要因として、その子どものいる世界との関係もあります。上図の青色の横線は水面を表しているもので、その子を取り巻く環境や常識といったもの。ここから大きく山が飛び出していると、目立った特性ととらえられ、障害名が付くこともあるのですが、この水位は、時と場合により上がったり下がったりします。

　水位が下がるとは、常識や周囲の許容範囲が狭くなるということ。そうすると、今までは水面下に隠れていた低い山が見えてきます。また、低い山しか持たなかった子どもも水位が下がることで、その山（特性）が見えてきて「気になる子」になってしまう、ということも考えられるのです。

　この水位は、国によっても違いますし、家庭と園・学校とでも違います。近年、発達障害のある子どもが目立ってきたと言う人がいますが、それは今の日本における

この水位が下がってきたからということも考えられるのです。個性の強さ、目立った違いがあることで生きづらい社会になっている、ということはもしかしたらあるのかもしれません。

　ただ、周りの理解や環境の調整によって、水位を上げることはできます。そうすると山は水面下に隠れ、「特性はあるのだけれど生活などに支障はない（つまり障害ではない）」という状態になることも考えられるのです。

発達障害は増えているの？

　発達障害のある子どもが増えているのかどうか、ということについては、診断自体の難しさもあって、明確なデータは出ていません。ただ、学校生活において発達の特性から困難を抱えている子どもがどのくらいいるかを調査したものがあり、それが子どもたちの現状を知る1つの手がかりとなります。

　この調査は、2012年に文部科学省が公立小中学校の先生を対象に実施したもので、それによると、通常の学級に在籍する児童生徒の中で、「知的な遅れはないものの、学習面や行動面で著しい困難を示す」子どもは、小学校で7.7%。中でも小学1年生では9.8%いるという結果が出ました。

　この調査項目を細かく見ると、「学習面で著しい困難を示す」「不注意または多動性 - 衝動性の問題を著しく示す」「対人関係やこだわり等の問題を著しく示す」という3つに分かれ、それぞれがLD、ADHD、ASDの特性と重なります。そのため、

	学習面または行動面で著しい困難を示す	学習面で著しい困難を示す	「不注意」または「多動性 - 衝動性」の問題を著しく示す	対人関係やこだわり等の問題を著しく示す
小学校全体の平均	7.7%	5.7%	3.5%	1.3%
第1学年	9.8%	7.3%	4.5%	1.5%
第2学年	8.2%	6.3%	3.8%	1.5%
第3学年	7.5%	5.5%	3.3%	1.0%

通常の学級に在籍する発達障害の可能性のある特別な教育的支援を必要とする児童生徒に関する調査（2012年文部科学省）

一見発達障害のある子どもの割合と思ってしまいますが、これはあくまでも、学校の先生の印象であり、医療的な診断を受けた人数ではありません。つまり発達障害のある子どもの数字ではない。そのことは誤解のないようにお願いします。

ただ、小学生の生活の大きな部分を占める学校現場において、支援を必要としている子どもが1割近くいるという現状は、しっかりと受け止めなくてはいけないと思います。

診断基準の改訂で変わったこと

発達障害の診断においては、現在、主に（アメリカ精神医学会の定めた）DSMという診断基準と（世界保健機構の定めた）ICDという国際疫病分類が用いられています。このうちDSMは2013年に改訂されました（DSM-5 = P.212参照）が、それにより、自閉症のとらえ方が変わりました。これまで「自閉症」といわれるものの中には、「広汎性発達障害」および「アスペルガー症候群」「高機能自閉症」などの名称がありましたが、今回改訂されたDSM-5から、それらをすべてまとめて「自閉スペクトラム症／自閉症スペクトラム障害（ASD）」と呼ぶようになったのです。

スペクトラムとは連続体・集合体という意味で、自閉症の特性の現れ方が、濃いものから薄いものまで、すべてをまとめてとらえようという考え方に移行してきました。先に、発達障害かそうでないかの線引きは難しいと言いましたが、それと同じで、症状や特性の強さ・濃さで線を引くということがなくなります。「アスペルガー症候群」「高機能自閉症」といった名称での区別もなくなるのです。

これによって、障害名で治療法が決まるのではなく、どういうことで困っているのか、どんな特性があるのかによって支援・治療が決まってくる、という考え方が明確になりました。この考え方は以前からありましたが、よりはっきりしたといえるでしょう。

なお、この「特性に応じて支援する」という考え方は、ASDに限ったことではありません。ADHDやLDなどの区別もなくし、発達障害すべてが連続した「発達障害スペクトラム」ととらえる人もいます。

発達障害と診断されたら

早期の診断より、早期の気づき

　子どもに発達障害があると診断されたとき、多くの親御さんがショックを受けたと言います。診断をなかなか受け入れられなかったという人も少なくありません。中には、「今までわからなかった子どもの行動が、障害名が付くことで納得できた、楽になった」と言う人もいますが、心のどこかに「障害であってほしくない」という気持ちがあるだろうと思います。これは親として当然の思いです。無理に診断や障害を受け入れようとする必要はありません。ただ、子どもにどんな特性があるのか、そのことは気にしてほしいと思います。

　診断には、その子どもに特別なニーズがあることを周囲の大人が共通認識できるというメリットがあります。早期に診断されれば、適切な支援を早い時期から進めることができ、周囲の無理解から自尊心を傷つけられ、本来の障害とは別の二次的な症状が現れる「二次障害」（P.62参照）のリスクも少なくなります。

　ただ、これらのことに、必ずしも診断が必要か、障害を認めなくてはいけないか、というと、そうとは限りません。大切なのは子どもにどんな特性があるかを知ること。特性がわかれば、診断名がなくても子どもに合った適切な支援を進めることはできるのです。

発達障害は遺伝するの？

　発達障害の診断を受けた後、多くの親御さんが尋ねるのが、「遺伝するのか」と、「治るのか」ということです。

まず、遺伝するかどうかについては、どちらともいえません。というのも、子どもは、親からいろいろなことを受け継いで生まれてきます。それは、目が似ている、足の形が似ているといったことから、「足が速いのはお父さん譲りだね」「几帳面なのは、お母さんに似たのかな？」など、親子で共通して見られる要素があります。それと同じで、脳の働き方についても、受け継がれる部分と受け継がれない部分がある、そういう意味で、遺伝する可能性がゼロではないということなのです。

障害があっても発達します

次に、治るのか、という問いに対して。これについては、「治る」「治らない」ではなく、「発達します」という言葉で答えるのが適切でしょう。

特に子どもは発達の過程にあるので、発達の特性も環境や対応により変化していきます。そのため、診断は固定的なものではなく、診断がつかなくなる状況も当然出てきます。生活に支障をきたしている困難＝発達障害の特性は、適切にかかわり、育てていくことで、困難が気にならなくなるくらいに、「発達」するのです。

次ページからは、以下4つの発達障害について、それぞれの主な特性やかかわり方のポイントを解説していきます。

- ●自閉症スペクトラム障害（ASD）
- ●注意欠如多動性障害（ADHD）
- ●学習障害（LD）
- ●発達性協調運動障害（DCD）

障害名ごとに分けていますが、ここまで述べてきた通り、障害名で線引きできるわけではありません。診断の有無にかかわらず、ここに書かれた特性があり、それによる困難を感じているとしたら、それぞれに合わせた対応をしていくことが、発達を促す支援になると思います。

自閉症スペクトラム障害（ASD）

こだわりが強く、人との関係を築きづらい一方で、まじめで約束を守る、きちんとした印象の子どもたちです。

主な特性

※ここに挙げたのはよく見られる特性です。ASDと診断されてもこれらすべてが見られるわけではなく、また、特性の現れ方には個人差があります。

●人とのかかわり、コミュニケーションが苦手
- 視線が合いにくい
- 人見知りをしない、親の後追いをしない、一人あそびが多い
- 話し言葉が出ない、オウム返しが多い、一方的に話す、独特な言葉遣い
- たとえ話・冗談が通じない、アイコンタクトや身振り手振りが通じない
- その場の空気、雰囲気を読むのが苦手　など

●興味の偏り、こだわりが強い
- 同じ道順、手順、スケジュールにこだわり、変更が許せない
- 特定の物（衣服や持ち物など）に執着する、興味・好みの範囲が非常に狭い
- 物を一列に並べたり、置き方にこだわったりする
- 回ったり、跳んだり、手を振り続けるなど同じ動きを繰り返す
- 扉の開閉、タイヤの回転など規則的な動きをいつまでも見ている　など

●感覚の偏り、動きがぎごちない
- 特定の音、感触を嫌がる
- 特定の感覚（ふわふわ、きらきらなど）にこだわり、触ったり見たりし続ける
- 細かい作業が苦手で不器用
- 大きな動きがぎごちなく、運動が苦手　など

○こんな長所・才能も
- 一度決めたこと（約束）はきちんと守る、うそをつかない
- 興味のあることはとことん追求する
- 一度見たもの、聞いたことを忘れず、正しく再現できる　など

どんな障害?

自閉症スペクトラム障害（Autism Spectrum Disorder　略称ASD）とは、自閉症やそれによく似た特性のある発達障害の一群のことをいいます。「スペクトラム」とは連続体という意味で、その特性・症状の現れ方が強いものから弱いものまで連なっているというイメージです。特性の現れ方にも違いがあります。

新しい診断基準（DSM-5）では「アスペルガー症候群」や「高機能自閉症」という細かい分類はせず、知的障害を伴

うものから知的障害のないケースまで、すべてを含めて「自閉症スペクトラム障害」と呼ぶようになりました（P.33参照）。中にはIQ値が120というケースもあり、特定の才能に秀でている子もいます。ただ、知的障害の有無や特性の現れ方（強弱）によって、本人のつらさがはかれるものではありません。

ASDの原因はまだよくわかっていませんが、先天的な脳の機能障害と考えられています。主な特性としては、前のページに挙げたように、対人関係やコミュニケーションが年齢相応に育ちにくく、興味の偏りやこだわりが強いということがあります。また、それに伴って感覚の偏りや動きのぎこちなさも見られます。多くは3歳以前に発現し、1歳半までに診断可能とされていますが、知的障害のない場合、言語や対人関係の困難が明確になるのがもう少し後になるため、幼児期の診断は難しいともいわれます。

ほかの発達障害と併存することもあり、ADHDやLDとASDの両方の特性がある子どもも結構多く見られます。

どんなようす?

人とのかかわり・コミュニケーションが苦手

●乳児期からかかわりづらい

対人関係の困難が強いと、気になる様子は乳児期から見られます。後に、そういえば赤ちゃんのころから目が合わず、スキンシップを嫌がった……と振り返るお母さんは多く、「なんとなく通じ合えていない感覚」をもっています。逆に、後追いもせず1人でおとなしくしているため、「手のかからない赤ちゃんだった」ということもあります。

1章　発達障害って?

●独特な言葉遣い

言葉がなかなか出なかったり、話してもオウム返しやひとり言だったりして、言葉によるコミュニケーションはとりづらくなります。話すようになってからも、妙に大人びた言葉遣いや棒読みのような話し方だったりするため対話になりづらく、「変わった子」と見えてしまうこともあります。

●言葉をその通りに受け取る

「お風呂見てきて」と言ったら「見てきたよ」と言うので安心したら、あふれていた。というように、言われた通りにしか受け取らず、その言葉に含んだ意味まで理解できません。たとえ話や冗談を真に受けて怒り、トラブルになることも。「耳が痛い」「ほっぺが落ちる」といった慣用句も通じにくく、言葉通りに理解したら「病院に行かなくちゃ」となってしまいます。

●相手の気持ちに気づかない、空気が読めない

表情や態度から相手の意思をくみ取るのが苦手。友達が使っている物を黙って取り、それで相手が泣いても気にしない……といった姿から、「自分勝手でいじわる」ととられることもあります。また自分の言動が周りにどう映るのかがわからないので、相手が嫌がっているのに一方的に自分が興味のある電車の話をしたり、場の雰囲気を感じ取れず、お葬式のときに大声でギャグを連発したりして「空気が読めない」と言われることもあります。

> 興味の偏り、こだわりが強い

●気持ちを切り替えられない

相手、状況、場面に応じて気持ちを切り替えるのがとても苦手。暑いからこっちの服にしようと言っても、「この服じゃなきゃだめ」。工事をしているから別の道を行こうと言っても、「この道じゃなきゃだめ」といった具合です。ひっくり返ってパニックになることもあります。ゲームで一番にならないと怒るのも、気持ちが切り替えられないことが原因になります。

なお、おもちゃなどを一列に並べるのは、物や手順へのこだわりと同時に、そうすることで自分の気持ちを安定させているということもあります。

●興味・関心の幅が狭くて深い

　細部に関心が向く傾向があり、興味は狭いが深いという特徴があります。ある領域では専門家並みの知識をもつことがあり、鉄道博士、虫博士、などと呼ばれる子どももいます。

　また、視覚的な記憶力が非常によくて、関心のあるものは1回見たら絶対に忘れないという子どもがいます。コンピューターが画像を取り込むように覚え、それを頭の中で再生して後から絵にかいたりできてしまうこともあります。

●同じ動きを繰り返す

　くるくる回る、ピョンピョン跳ぶ、手をひらひらさせるなど同じ動きをずっと繰り返している子どもがいます。不安が強くなると、こうした行動を繰り返すことで、気持ちのバランスをとっているということがあります。また、感覚が鈍感で刺激を受け取りにくいため、足りない刺激を取り入れようとしているとも考えられます。

感覚の偏り、動きがぎこちない

※感覚の偏りについては、P.42〜43で詳しく解説しています。

●感覚が敏感すぎる、鈍感すぎる

　視覚、聴覚、嗅覚、味覚、触覚といういわゆる五感のほか、固有覚、前庭覚という体内で感じる感覚が、敏感すぎるもしくは鈍感すぎるということから、さまざまな困難が生じます。中でも特定な感触や音を嫌がることは多く、気力で我慢できるようなものではないので、生活に支障が出ることもあります。

●不器用・運動が苦手

　手足や指先の触覚が鈍感だと、ボタンのかけ外しやシールはりなど手先の細かい作業が難しくなります。また、筋肉や関節に感じる固有覚が鈍感だと力加減がわからず、ドタドタと歩いたり、力任せにドアを閉めたりするようすが見られます。ボール投げやマット運動、縄跳びなど、しなやかな動きが要求されるあそびも苦手さが現れます。この部分の特性のみ顕著に現れる場合は、発達性協調運動障害（P.56参照）と診断されることもあります。

かかわりのポイント

　基本的なかかわり方は、「その子どもにわかりやすくすることで不安を取り除き、気持ちを切り替える手助けをする」ことです。重い自閉症の場合、気持ちの切り替えはかなり難しいですが、自閉症スペクトラム障害の中でも知的障害のない子どもの場合、切り替えられるようになる可能性は十分あります。

●言葉かけはシンプルにわかりやすく

　「ちょっと」「優しく」など、あいまいな表現や相手の立場で考えるのが苦手なのでシンプルな言葉で伝えるよう心がけます。

●人とのかかわりを通して言葉を育てる

　単に語い数を増やすために単語を教えるのではなく、絵本や実物を見ながら指さして答えたり、ジェスチャーを交えて話しかけたり、人とのかかわりを通して言葉を教えるようにしましょう。あいさつは大人が率先して行うことで、その場にふさわしい「あいさつ言葉」を伝えます。

●落ち着ける環境を用意

　余計な刺激が入らず、1人になれる、落ち着ける環境を用意しましょう。押入れの中、段ボール箱の中、机の下など本人と一緒に探します。布を1枚かぶるだけで落ち着ける、ということもあります。

●事前のお知らせ

　行動の前には、これからどこに行って何をするかを伝えましょう。初めてのこと・場所の場合は、特に丁寧に。「今日はお菓子は買いません」「公園には寄りません」など、具体的な約束をしておくことで、パニックになるのを防ぐこともあります。予定の変更がある場合は、絵や写真を用いて説明するのもいいでしょう。
　また、見通しがもてるよう、「長い針が3になるま

で」など、終わりを具体的に示すと安心できます。

●見てわかる伝え方を

耳から聞く言葉よりも目で見る情報のほうが入りやすいことが多いので、ここに挙げたかかわり方において、絵や写真や実物を使い、見て伝えることを意識するといいでしょう。予定や手順を絵カードを使って伝えるほか、してほしい行動を実際にやって見せるのも、見てわかる伝え方として有効です。

●興味の幅を広げる手助け

好きなことに没頭する時間は大切にしつつ、興味を広げることも考えて。いつもミニカーを並べてあそんでいるなら、そこに人形を加えてごっこあそびに誘ったり、空き箱で車を作ってみたり、今、興味をもっていることから少しずつ広げていくといいでしょう。

●苦手な感覚は避け、足りない感覚は入れる

感覚が鈍い場合は足りない感覚を補う、敏感な場合は苦手な感覚を避けるか軽減するというのが対応の基本。跳びはねたり体を揺すったりし続ける子には、その動きを止めるより、押す・軽くたたく・強めになでてギュッと力を入れるなど、外側から筋肉や関節に感覚を入れるようにするとよいでしょう。視覚や聴覚が鈍感で大人の話が入りにくい場合は、個別に目を合わせたり体を触ったりして注意を向けたうえで話しかけることも必要です。

具体的な対応は→2章のCase1〜5、8、11〜18、21〜23が参考になります。

Column 感覚の偏りがあると……

●五感と二覚とは

　発達障害のある子どもの多くに感覚機能の偏りが見られます。そして、子どもの気になる行動・状態の要因が、この感覚機能の偏りからきていることが、実はとても多いのです。
　ここでいう感覚とは、「触覚」「視覚」「聴覚」「味覚」「嗅覚」のいわゆる五感と、体の内側に感じる２つの感覚、「固有覚」「前庭覚」です。
　「固有覚」は、筋肉や関節に感じる感覚で体の位置や、動くときの力の入れ方（加減）を理解するために使います。前庭覚は平衡感覚ともいい、自分の頭の位置を感じバランスを取る感覚で、姿勢を保ったり、動くときのスピードを理解するために使います。

●敏感すぎと、鈍感すぎ

　感覚の偏りは大きく２つに分かれ、１つは刺激に過敏に反応する敏感タイプで、もう１つは刺激を感じにくい鈍感タイプ。それらによって現れる具体的な姿は右の表の通りです。
　中でもわかりやすいのが、特定の触感を嫌がる触覚過敏でしょう。このしくみは、乳児期の感覚機能の発達過程を知ることで理解できます。
　生まれたての赤ちゃんには口でおっぱいを探して吸いついたり、手に触れたものを握ったりする反応（原始反射）が見られます。これは本来人間に備わっている本能的な行動（原始的機能）で、生後３か月を過ぎるころから徐々に消えていき、その代わり、視覚や触覚など五感を使ってものを感じる機能（識別的機能）が育ってきます。手に握ったおもちゃを見ながら感触を確かめるようになるのです。
　ところが、この発達が順調にいかない場合、触れただけでは識別できないので、触れることへの不安が強くなります。新しい感触は怖くて仕方ないので、激しく拒否する。これが触覚過敏の状態です。
　なお、対応として、敏感タイプの場合は苦手な感覚を避ける、鈍感タイプの場合は、足りない感覚、本人の好む感覚を満足するように取り入れるというのが基本です。それぞれ具体的なかかわり方については、本書の中で紹介していますので、参考にしてください。

脳がいやがっている触覚過敏

本能的な反応が強く、触れた感覚を識別する機能がうまく育っていない。そのため拒否が現れる。これが触覚過敏の状態です。

●感覚の敏感タイプと鈍感タイプ

	敏感だと……	鈍感だと……
視覚	＊周囲をあちらこちら見てしまい気が散りやすい	＊動いている物を目で追うこと、つかまえることが苦手
聴覚	＊大きな音・特定の音が苦手	＊人の声の聞き取りが苦手 ＊呼んでも振り向かないことがある
味覚	＊極端な偏食がある	＊濃い味付けの物を好む
嗅覚	＊「くさい」とよく訴える	
触覚	＊触れられることを嫌がる ＊粘土・泥・砂あそびなどを嫌がる ＊歯磨き・つめ切りを嫌がる	＊けがをしても痛がらない ＊なんでも手で触る
固有覚	＊ひじやひざなど関節にうまく力が入らず、体がぐにゃっとした印象 ＊力を入れて物を持てない	＊必要以上に力を入れる ＊不必要なときに跳びはねる ＊つま先立ちで歩く ＊物をそっと持ったり、扱ったりが苦手
前庭覚	＊滑り台や階段を下りるのを怖がる ＊バランスを崩しやすい ＊転びやすい ＊姿勢が崩れやすい	＊回転する物を見つめることが多い ＊頭を振る ＊体を揺する

1章　発達障害って？

注意欠如多動性障害(ADHD)

落ち着きがなく失敗も多いため、しかられやすい。
でも、明るくエネルギッシュで、愛らしい子どもたちです。

主な特性

※ここに挙げたのはよく見られる特性です。ADHDと診断されても、これらすべてが見られるわけではなく、また、特性の現れ方には個人差があります。

●不注意
* 忘れ物・なくし物が多い
* 同じミスを繰り返す
* 整理整とんが苦手
* 興味のないことに注意を持続させるのが難しい
* うわの空でぼーっとしていることが多い　など

●多動性
* 落ち着きがなくじっとしていられない
* 座っていても手足がそわそわ動く
* いつも動き回っている
* おしゃべりが止まらない　など

●衝動性
* 待つこと、我慢が苦手
* 思ったらすぐに行動に移してしまう
* 話に割り込んでくる
* 要求が通らないと、感情が抑えられなくなる　など

○こんな長所・才能も
* 集中すると力を発揮する
* 人なつこい、よく気がついて優しい
* 発想が豊か、独創性がある、ユーモアがある、
  エネルギーにあふれている　など

どんな障害?

注意欠如多動性障害（Attention Deficit Hyperactivity Disorder　略称ADHD）の主な特性は「不注意」・「多動性」・「衝動性」。それらが年齢・発達に不つり合いで12歳以前からあり、場所が変わっても一貫して見られるときに、診断されます。原因はまだはっきりわかってはいませんが、先天的な脳の機能障害で、中でも脳の前頭前野にある実行機能という働きが弱いといわれています。

この3つの特性を見ると、子どもなら、多かれ少なかれ、このような姿が見られると思ってしまいますが、こうしたようすが、同年齢の子どもたちと比べて著しく目立つ場合、ADHDの可能性を考えます。

必ずしもこれらの特性すべてが現れるわけではありません。大きく分けて、
- 不注意が目立つタイプ（不注意優位型）
- 多動・衝動性が目立つタイプ（多動・衝動性優位型）
- 両方とも見られるタイプ

の3つがあります。

1章　発達障害って?

どんなようす?

不注意

●1つずつのプログラムがきちんと終わらない

不注意が目立つタイプのいちばんの課題は「1つずつのプログラムがきちんと終わらない」ことです。例えば、片付けの最中におもちゃを見つけてあそび始めてしまう、学校に行く支度の最中に友達の迎えが来たらそこら辺の物をかき集めて出かけてしまう……つまり、片付けや支度というプログラムを終えないうちに次のプログラムに移ってしまうのです。

●集中が続かない、もしくは集中しすぎる

注意が続かないので、外からの刺激ですぐに気がそれてしまいます。授業中や大人が話をしている最中でも、虫が飛んできた、電話が鳴った、といったことに反応して、その場を離れてしまうことがあります。興味や関心のないことには気を向けないため、いつもうわの空、ボーッとしているように見えることもあります。

その反面、興味のあることにはものすごく集中し、話しかけても気づかないということもあります。集中力の加減ができないという感じです。

●忘れっぽい

物や言われたことなどに対する意識も続きにくいので、忘れ物、なくし物、約束を忘れる、といった失敗が多くなります。

ワーキングメモリとは

ADHDのある子どもの中には、ワーキングメモリ（作業記憶）がうまく働かないケースが多くあります。ワーキングメモリは、脳の前頭前野の重要な働きの1つ。必要な情報を一時的に保持しながら活用する脳の機能で、脳のメモ帳ともいわれます。その記憶の容量が小さいと、言われたことを覚えられない、もしくは忘れてしまい、うっかりミスも多くなります。例えば、「おはしとお茶碗を持ってきて」と言われたら、その2つの物を一時的に記憶して取ってくる。このような場合にワーキングメモリが使われます。

実は、こうした言葉の指示を覚えて行動できる数は、5歳児で1～2つといわれています。意外に少ないですね。ワーキングメモリがうまく働かないと、小学校に上がってからも2つの指示は覚えられない、そのため適切な行動がとれないということにもなります。

ちなみに、ワーキングメモリの力を数の復唱で確認する方法があります。

大人が「4」「9」「2」などランダムに数字を言う。

子どもはそれを聞いて覚え、復唱する。

この場合、個人差がありますが、5歳児なら3～4つの数字は覚えられます。難しい場合は、ワーキングメモリがうまく使えていないと考えます。

★そのほか、こんなときにワーキングメモリが使われます。
●少し長い話を聞く（初めに聞いたことも覚えている）
●黒板の文字を書き写す
●買い物（人に頼まれたものを買ってくる）　　など

> 多動性・衝動性

●動きたい欲求を我慢できない

　体の感覚的な要因として、動くことを我慢できない、ということがあります。おなかがすいたからご飯を食べたいという生理的欲求と似ていて、「体内に入る感覚刺激が足りないから取り入れたい」という行動です。体の内側に感じる感覚には固有覚と前庭覚（P.42参照）があり、どちらも、鈍感な場合、跳びたくなったり走りたくなったり、回転したくなったりします。

●気持ちの動きを我慢できない

　気持ちのコントロールが難しく、状況と無関係に多動で、予測や考えなしに行動を起こしてしまいます。カッときた瞬間、もう手が出ている……。このとき少し間を置けたら「今、むっとしているんだ」と自分の心の中を吟味できるのですが、気持ちが動き出すと止まらない。怒るとかんかんになるまで怒り、調子に乗るととことん舞い上がる。エネルギッシュで頭の回転も早く、さっと動くけれど、止まらないのです。

> すべてのタイプに共通して

●しかられやすい

　不注意も多動も衝動的な行動も、決してわざとではないのですが、しかられることが多くなります。また、しかられている最中でも心ここにあらずで、しかり終わった大人が「もういいから」と言ったとたん、「あそびに行っていい？」と聞いてきたりするので、まったく懲りていないように見えます。さらに、何度注意されても同じ失敗を繰り返すので、周囲の大人はイライラ。すぐに失敗して、しかられる……という経験が積み重なると、自分は何をやってもダメな子だと自尊心が低下していくこともあります。

かかわりのポイント

気持ちや体の動きをコントロールすることが苦手なので、自分の言動を振り返る力をつけることが重要。また、自己肯定感を下げない配慮も大切です。

●注目しやすく

注目すべき所を示す、こまめに声かけをするなどして集中が続くようにサポートしましょう。言葉だけでなく絵や写真、文字など、視覚的に示す工夫も効果的です。また、話をするときには、体に触るなどして注目させてから話すようにするとよいでしょう。

●刺激や情報量を減らす

見えるもの、聞こえる音など周囲の刺激を減らすことで、集中を助けましょう。何か集中して取り組むときは、装飾の少ない、静かなスペースを確保できるといいでしょう。大人がむやみに声をかけるのも、ときに集中を妨げる要因になります。

●スモールステップで

1つのことをきちんと終えてから次に移るという体験を積み重ねることが大切です。例えば朝の支度なら、顔を洗う→パジャマを着替える→パジャマをしまう……と行動を1つずつ区切るとわかりやすく簡単なので、途中で投げ出すこともなくなります。また、1つ終わるたびに「上手にできたね。えらいね」とほめることで達成感がもて、次への意欲につながります。

●思い出し、気づけるように

衝動的な行動をする前に一瞬でも間をおいて考えられるよう、一声かけるなど、思い出せる、気づける工夫をしましょう。そのとき、「○○してはだめ」ではなく、「○○しようね」と、適切な行動を肯定的に伝えるように心がけましょう。

●見通しをもてるように

少しずつ、待つことも覚えたいものです。いつまで我慢すればいいのかがわかるように見通しをつける工夫をしましょう。「○○ちゃんは●番目だね」と、列に何人並んでいるかを意識できるような声をかけるほか、時間の見通しなら、キッチンタイマーなどを使うのもいいでしょう。

●動きたい欲求を満たす

我慢させすぎることのないように、動きたい欲求を満たすことも考えましょう。おうちにミニトランポリンを置いて、むずむずしてきたらそこで発散する、という方法もいいですね。体をさすったり押したりして適度な感覚を入れることで、動きたい欲求をコントロールできることもあります。

●くどくどとしからない

人の話を集中して聞くのは苦手なので、話が長くなると、後半はほとんど聞いていないということにもなりかねません。しかるときは、いちばん大切なことを端的に伝えるようにしましょう。

●伝わりやすくほめる

ほめられることで自尊心を保つことができますが、本人がほめられたと感じなければ意味がありません。子どもに伝わりやすいよう、「○○してえらかったね」と、具体的な行為を挙げてほめるようにしましょう。また、ほかの子と比べるのではなく、今、できていることや本人の少し前と比べてよい変化を認めていくことが大切です。

具体的な対応は→2章のCase6、9、10、16、17、22、24が参考になります。

学習障害（LD）

知的な遅れはないのに、学習面での得意・不得意に大きな偏りがあるため、頑張っても成果が現れにくく、誤解されやすい子どもたちです。

主な特性

※ここに挙げたのはよく見られる特性です。LDと診断されてもこれらすべてが見られるわけではなく、また、特性の現れ方には個人差があります。

●読むことが苦手
* 意味で区切ることができず、1字ずつ読む
* 文字や行を飛ばして読んでしまう
* 形の似た文字を読み間違える
* よう音（小さい「ゃ」「ゅ」「ょ」など）や促音（小さい「っ」）を発音できない　など

●書くことが苦手
* 形の似た文字を書き間違える、漢字を書き間違える
* 鏡文字を書く、句読点を書き忘れる
* 板書ができない
* 文字の大きさがバラバラでマスや罫線からはみ出す　など

●聞くこと・話すことが苦手
* 聞き間違いが多い
* 筋道立てて話すことができない
* 言いたいことを言葉で表現できない、相手の言うことが理解できない　など

●計算や推論が苦手
* 指を使わないと計算できない、数字の位どりを間違えてしまう
* 計算はできるのに、文章題になるとわからない
* 図形・表・グラフ問題が理解できない
* 見直しや作業時間の配分ができない　など

どんな障害?

学習障害（Learning Disabilities　略称LD）は、医学的定義と教育的定義とでは、若干の違いがありますが、ここでは文部科学省から出された判断基準など教育的定義をベースにします。それによるとLDは、「全般的な知的発達に遅れはないが、聞く、話す、読む、書く、計算する、推論する能力のうち特定のものに著しい困難を示すもの」とされています。また、原因として中枢神経系、つまり脳の先天的な機能障害と推定されますが、視覚・聴覚障害、知的障害、情緒障害や、環境的な要因が直接の原因となるものではありません。

能力の偏りに気づくのは本格的に学習が始まる就学以降が多く、幼児期にも形の認知ができない、大人の説明がわからないなどつらい思いをしていますが、特定の分野だけが苦手なため発見は遅れがちになります。知的障害と異なり、苦手なもの以外の学習能力は平均以上になる子どもも多いため、努力が足りない、なまけているなどと思われがち。本人も、どんなに頑張っても効果が現れないことから、自信をなくしてしまうことがあります。

なお、LDはADHDやASDを併存することも多く、社会性の困難や不器用などが、学習の困難性を強めているケースもあります。

どんなようす?

読むことが苦手

●文字を目で追う、じっと見つめるのが難しい

読むのが苦手な場合、見る力、それも視力ではなく目の動きによる「見え方」がかかわっていることがあります。眼球運動の機能につまずきがあると、文字を目で追う「追視」が難しく、何度も同じ行を読んだり読み飛ばしたりしてしまいます。また、両目の動きを調節して、ものを見る機能がうまく働かないと、文字がにじんだり二重に見えたりして、読むのが困難になります。文字に限らず、○や△など形の認知も難しくなります。

●言葉としてのまとまりを意識して読めない

文字1つずつは読んで音にすることはできても、それを1つのまとまり・意味をもつ言葉として理解できていないことがあります。例えば「り」「ん」「ご」と1文字ずつ読んで音にすることはできても、それが果物の「りんご」と理解しているわけではないので、読み方はたどたどしくなります。

> 書くことが苦手

●文字の形、大きさのバランスが悪い

見たものの奥行きや、左右・上下の位置関係を認知する力が弱いと、文字の形や大きさを適切に書くことが難しく、鏡文字になったり、大きさにばらつきが出たり、マスや罫線からはみ出したりしてしまいます。

●不器用で鉛筆をうまく使えない

LDのある子どもの中には、感覚の偏りから手先が不器用なケースが多く、その場合、鉛筆を正しく持てなかったり、適度な筆圧を保つことができなかったりして、文字を書くことに困難が出てしまいます。

●書き写すのが難しい

聞いた話や見た文字を一時的に記憶して書く、という場合、その一時的な記憶の部分で、ワーキングメモリ（P.46参照）が使われますが、この機能につまずきがあると、先生の話や黒板の文字をノートに書き写すことは難しくなります。

> 聞くこと・話すことが苦手

●必要な音・声を聞き取ることが難しい

注意力が弱いと聞きもらしが多くなります。また、聴覚過敏があると、周囲のわずかな騒音がひどくうるさく聞こえて先生の話が聞こえなかったり、必要な音を選んで聞き取る力が弱いと、先生の声だけを聞き取れなかったりします。

●似た音の違いや、長音・よう音・促音の聞き分けが難しい

音を聞き分ける力も大切。そこが苦手だと、例えば「はち」と「はし」など似た言葉の聞き分けは難しくなるほか、「ようふく」など長音や「ちょうだい」などよう音のほか、促音の聞き落としがあり、「ねっこ」を「ねこ」と聞いてしまったりします。

●言いたいことを整理して言葉にできない

　脳内の情報処理能力につまずきがあると、脳の中の情報を整理し文章にして出すということが難しくなります。人の話を聞いて理解することはできるのに、自分が話すとなったら言葉が出ないという姿として現れます。

> 計算や推論が苦手

●計算の苦手には
　いろいろな理由が

　数の順序、少数・分数など数概念が理解できないと、計算は困難になります。ワーキングメモリがうまく働かないと、繰り上がりの数を覚えられず、計算や暗算が難しくなります。指を使っての計算からなかなか抜け出せないということもあります。

●図形、グラフの問題が苦手

　見る力と関係しますが、視覚的な認知力がうまく働かないと、図や形を正しくとらえることができません。図形やグラフの問題を解くのも難しいでしょう。また手先の不器用さから、コンパスや定規を使って線や図形を書くのが難しいということもあります。

●予測・推測が必要な課題は苦手

　推論とは、事実から結果を予測したり、結果から原因を推し量ったりすること。それが難しい場合、証明問題や作文は苦手です。幼児でも、オリジナルのお話を作るようなあそびは難しいでしょう。

かかわりのポイント

LDは学習面の問題なので、ここでは家庭だけでなく学校も含めたかかわりのポイントを挙げていきます。

●何に困っているかを見極めて

子どもが何に困っているか、早く気づくことが大切。そのためには、算数、国語という教科としてではなく、日常生活のようすも含めてどんなところに苦手があるのかを具体的に見ていきましょう。例えば、見る力が弱いのか、聴覚過敏があって先生の声が聞きづらくなっているのか、といったことです。

●子どもの「苦手」に合わせた工夫を

子どもの苦手を把握したら、それぞれ、その子どもに合わせた対応を工夫していきましょう。

見ることが苦手で文章を読めないなら、追視・注視がしやすいような教材を工夫したり（P.154参照）、ラインを引いたり。聞き取る力が弱いなら、こちらの声に集中できるように注目させてから話す、短くはっきり話すなど。視覚的に伝える工夫もいいですね。

なお、言葉の理解力やワーキングメモリ、手先の器用さなどは、さまざまな場面にかかわってくるので、教材や指導法の工夫だけでなく、根本的にこうした力の発達を促すあそびや運動を行っていくことも大切です。

●しからずに、具体的な方法を提案する

「やればできるのに、努力が足りない」「頑張ればできるはず」と思われがち。周囲がそういう気持ちでかかわると、本人もそう思い込み、頑張ってもできない自分に落ち込んで、自信、やる気はどんどん下がっていきます。できないものについては、大人が一緒に考えながら「こうしてみたら？」とわかりやすくなるやり方を伝えてみましょう。

●自信をつけ、意欲をもたせる工夫

苦手なものに関して、できたという達成感を味わいにくくなっています。課題を細かく区切って、1つできるたびにほめていきましょう。

●学校の先生と相談を

LDのある子どもの困っていることと、適切な対応については、担任の先生に相談してみましょう。場合によっては特別支援教育コーディネーターやスクールカウンセラーを紹介してもらい、より専門的な観点で家庭での支援についてアドバイスをもらえるかもしれません。いずれにしても、学校側との密な連携が必要です。

具体的な対応は➡2章のCase25〜27が参考になります。

発達性協調運動障害（DCD）

特に運動面での不得意が著しく、手先の細かい作業や大きな全身運動において、不器用さの目立つ子どもたちです。

主な特性

※ここに挙げたのはよく見られる特性です。DCDと診断されてもこれらすべてが見られるわけではなく、また、特性の現れ方には個人差があります。

●全身運動が苦手

＊寝返り、はいはい、歩く、走るなど基本的な運動発達が遅れる
＊動きがぎごちない、あちこちぶつかる、姿勢が崩れやすい
＊ダンスやマット運動が苦手、スキップができない
＊なわとびが跳べない
＊うんていや鉄棒、ジャングルジムなどの遊具での運動が苦手
＊ボール運動（投げる、取る、けるなど）が苦手
＊三輪車、自転車に乗れない　など

●手先の細かい作業が苦手

＊ボタンのかけ外しやファスナーの上げ下げ、ひも結びができない
＊物をよく落とす
＊はし、はさみ、定規、コンパスがうまく使えない
＊鉛筆を正しく持てず、筆圧が弱いまたは強すぎる
＊楽器の演奏が苦手　など

どんな障害?

発達性協調運動障害（Developmental Coordination Disorder 略称 DCD）は、筋肉や神経、視聴覚などに異常がないものの、いくつかの動作を協調させて行う＝協調運動が苦手で、細かい動きから大きい運動において不器用さの目立つ状態です。この協調運動の苦手さが比較的早期から見られ、適切な方法で十分に練習を行っても習得できない場合に、診断がつく可能性があります。ほかの発達障害同様、先天的な脳の問題と推定されますが、原因ははっきりわかっていません。また、ほかの発達障害と併存しやすいといわれますが、むしろDCD単独で起こるケースが少なく、その関係性もよくわかっていません。

乳幼児期から、はいはいや歩き方のぎこちなさなど運動面の困難さが見られることは多く、就学後には苦手意識から運動を避けたり、鉛筆・定規・はさみなどの道具を使うのが苦手なことが学習困難につながったりします。手先の不器用さだけが目立つタイプや全身運動だけが苦手なタイプなど、どちらかに極端な偏りが現れる場合もあります。

運動が苦手、不器用といったことは、大人になるとあまり気にならなくなりますが、あそびを中心にした子ども社会の中では、とても重要。うまく友達とあそべないだけでなく、みんなの前で恥ずかしい思いをして自尊心の低下を招くこともあり、学齢期においては心の面での配慮がとても大切です。

どんなようす?

全身運動が苦手

●乳児期からの基本的な運動発達が遅れる

寝返り、はいはい、歩く、走る……といった基本的な運動発達が遅れがちです。赤ちゃんのころを振り返って、そういえば、寝返りがなかなかできなかった、はいはいをしなかった、ということも多くあります。

●力の加減が難しく、動きがぎこちない

力加減がわからず、ドタドタと歩いたり、力任せにドアを閉めたりするようすが見られます。また、息をゆっくり吐くといった調節も難しいので、シャボン玉や風船を膨らませるのも苦手。ダンスやマット運動などは動きがぎこちなくなり、行進で同じ側の手足が同時に出てしまうということも。

手先の細かい作業が苦手

●指先や手で持つ道具での作業がうまくいかない

指先の触覚が鈍感なことが考えられますが、手先の作業がうまくいかないと、食事のときのはし使いやボタンのかけ外しなど、生活習慣の自立が遅れることもあります。また、手に道具を持った作業がうまくいかないことから、はさみやテープを使う製作は苦手、学校に入ってからは、鉛筆で文字を書いたり、定規やコンパスを使ったりがうまくいかず、学習に支障が出てしまうことがあります。

すべてのタイプに共通して

●いくつかの動作を一緒に行うことが苦手

走りながら、また目でボールを追いながら、投げたり取ったりするドッジボール、手で縄を回しながらジャンプするなわとびなど、いくつかの動作を協調させながら行うことがとても苦手。ジャングルジムやうんていといった全身運動だけでなく、指を動かしながら息を吐く鍵盤ハーモニカやリコーダーなどにも苦手さが現れます。

●苦手意識から、自尊心が低下しやすい

体操やダンスがうまくできない、ボールあそびやなわとびで失敗する、楽器の演奏ができない……こうした姿が、周りの子どもたちのからかいの対象になったり、大人から、もっと丁寧に、ちゃんとやりなさい、などと叱責されたりすることが続くと、苦手意識は高まり、意欲は低下。自尊心も下がりがちになります。

かかわりのポイント

専門的な支援・指導としては、感覚統合療法※がありますが、家庭で楽しく取り組めることも多いので、実践してみましょう。

※感覚統合療法…五感や前庭覚・固有覚などの感覚機能の偏りを、運動やあそびを通して調整、コントロールしていく療育法。

●親子でいろいろな運動あそびを

ぎごちない動きや不器用さの多くが、固有覚や触覚など感覚機能の偏りからきています。2章で紹介しているような感覚を育てるあそびを、親子で楽しみましょう。サッカーが苦手だからボールをける練習、おはしが使えないからおはしで豆つかみ……といった苦手部分を強化する練習も無駄ではありませんが、あまり楽しくありません。それよりも、本人が楽しいと思うあそびを通して、いろいろな動きを体験し、全身の機能を高めていくことが大切です。

●お手伝いやお料理を積極的に

子どもができるお手伝いの中には、手先の動きを高めるものが多くあります。ふき掃除、食器運び、洗濯物干し・取り込み……など。ソースをかき混ぜたり、餃子の皮で包んだり、お料理のお手伝いもいいですね。お手伝いするごとにシールをはって、モチベーションを上げるのもいいでしょう。

●せかさず、責めず、たくさんほめる

一生懸命やってもできないもどかしさ、つらさは、本人がいちばん感じています。周りの大人は、できないからといってせかしたり、責めたりすることのないようにしましょう。友達からのからかいや、大人からの注意・叱責がストレスになり、自尊心を下げてしまうこともあります。本人の得意なこと、できたことを見逃さず、ほめる機会を多くするように心がけましょう。

> 具体的な対応は→2章のCase8、19、20、26が参考になります。

そのほか気になる……
愛着障害と二次障害

愛着障害と発達障害

　ここまで、4つの発達障害について解説してきましたが、このほかに、発達障害ではないけれど、現れる症状が似ていることなどから発達障害と並べて語られることの多い「愛着障害」と「二次障害」について触れておきましょう。

　まず、愛着障害……診断名としては「反応性愛着障害」や「脱抑制型対人交流障害」があり、母親など愛着の対象がいないまたは、いても虐待など不適切な養育を継続的に受けたことで、情緒的・精神的な発達が阻害されてしまった状態です。

　人が人として育っていく、その育ちの根っこは、愛着です。愛着関係によって大事にされたという感覚がなければ人を信じることができず、社会性は育ちにくくなります。大事にされていないと常に不安で落ち着かず、1人でできるという自立心ももちにくい……こうして育ちのバランスが崩れると愛着障害として、さまざまな気になる行動が現れるのです。例えば、極端な人見知りや人とのかかわりを避ける、

もしくは無警戒にだれにでも甘えてくる、多動で落ち着きがない、攻撃的……など。その姿は、一見「発達障害?」と思ってしまいますが、そうなった要因が異なります。同じように社会性が伸びない、という姿があったとしても、発達障害の場合は、愛着とは関係のないところに要因があるのです。

　そのため、症状が同じでも対応の仕方は、少し変える必要があります。見通しのもちやすい環境作りやわかりやすい言

葉かけ、無理強いしない、といったことは共通ですが、愛着につまずきがある子どもの場合は、不安を取り除くことを最優先にします。療育の場でも、具体的なプログラムの前に、その子の落ち着く環境でリラクゼーションの時間を設けるなど工夫をしています。

育てにくさが、不適切な養育に？

愛着障害と発達障害の関係としてもう1つ、発達障害のある子どもは愛着障害になりやすいのではないか？ということがあります。これは、発達障害のある子どもには、特有の育てにくさがあることから不適切な養育につながりやすく、愛着障害のリスクも高くなるのではないかという考えからくるものです。

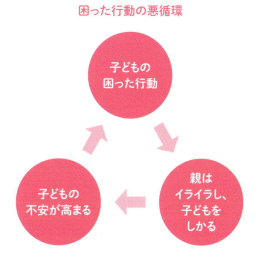

困った行動の悪循環

発達障害が、直接、虐待につながる、ということはありません。ただ、発達障害のある子どもをもつと、その行動にイライラすることが多くなり、ついきつくしかってしまい、その後自己嫌悪に陥るという親御さんが少なくない、ということも事実。常に「虐待しそう」という不安を抱えている人もいます。しかられることで子どもの不安が高まり、さらに行動の問題が増えるという悪循環にもなりかねません。

これを防ぐためには、親自身が、ついしかってしまう自分を責めず、子どもの特性を理解することが大切。どうしてこんなに困った行動をとるのか……その理由がわかり、自分の育て方やしつけのせいではないと思えたら、少し冷静に子どもを見ることができます。そして、特性に合った適切な対応をすることで子どもが変わると、うれしくなって子どもを見る目も変わってくるでしょう。意識的にほめ、愛着を示して、「あなたはわたしにとって大切で愛おしい存在」という思いを子どもに伝えることが大切です。

二次障害って？

　次に、「二次障害」ですが、これは本来ある発達障害に対して適切な対応がされず、周囲の無理解や不適切なかかわりなどが続くことで、もともとの発達障害とは別の二次的な症状が現れることをいいます。

　発達障害があると、その特性から、頑張ってもうまくいかないことが多く、失敗を重ねることで周りから叱責され、理解もされず、つらい思いを抱えている子どもが少なくありません。適切な支援を受けないままこうした状態が続くと、自尊心は低下し、自分はだめな人間だと責めてしまうことがあります。頑張ってもどうせだめだと思って、できていたことができなくなってしまうこともあります。

　不安や緊張が高まり、頭痛や食欲不振、不眠、幼児の場合は夜尿症やチックなど体に症状が現れることもありますが、うつになって不登校やひきこもりにつながるケースもあります。さらに、こうした不安や緊張が外に向かい、強い反抗、暴言、暴力、非行といった行動につながる場合もあります。

二次障害を防ぐには

　二次障害の症状は、発達障害の特性によって現れる姿より強く出る傾向があります。周囲の大人への信頼感をもてなくなってしまうので、本来の発達障害の特性への対応がしにくくなり支援が進まない、という悪循環にも陥りやすくなります。

　また、発達障害があることに気づかれないまま二次障害が起きてしまうと、その行動の問題や不適応状態が、わがまま、わざとやっている、ととらえられ、余計に発達障害の可能性に気づきづらく、対応を難しくしてしまうことがあります。

　とにかく、二次障害は未然に防ぐことが大切です。そのためには、不適切な養育のケースと同様、子どもの特性に早く気づき、適切な対応をすることがいちばん。そうすることで、自分のことをわかってくれる人がいる、認められたという実感がもてます。発達障害があっても、自己肯定感が高ければ、二次障害にはなりません。

　なお、すでに二次障害が現れてしまっている場合は、家族だけで抱え込まず、学校や医療・相談機関とつながり、みんなで支援していけるようにしましょう。親自身の健康も大切です。家族会などに参加して悩みを話し合うことで、気分が楽になることもあるので、外のいろいろな機関を活用するようにしてください。

2章

こんなとき どうしたら？
気になる姿と対応

子どもの気になる行動や姿として27のケースを挙げ、
それぞれ家庭でできるかかわりや支援法を紹介しています。
お子さんの姿に合わせた対応法を見つけ、
試してみてください。

子どもたちの気になる姿

この章で挙げる27のケースは、それぞれ、
以下のように大きく4つのカテゴリーに分かれています。

Case:1~10
→生活面での気になる姿
基本的な生活習慣において見られるつまずき、気になる姿を挙げました。

Case:11~15
→コミュニケーションで気になる姿
人とのかかわりや、言葉の発達面での気になる姿を挙げました。

Case:16~23
→あそび・外出で気になる姿
園や学校での活動や外出先での行動について気になる姿を挙げました。

Case:24~27
→学習面で気になる姿
学びの基礎となる見る・聞く力から、具体的な学習での気になる姿を挙げました。

「なぜ？」を知って対応することが大切

子どもの気になる姿、困った行動には、それぞれ理由があります。
同じ行動に見えても、人によって、状況によって、その理由は異なります。
そのため大人は、「なぜそうなのか」、その理由を知ったうえでかかわっていくことが大切です。

例えば、「落ち着きなく動き回り部屋から出て行ってしまう」
という姿1つとっても、
もしかしたら、遠くから聞こえてくる音が気になるのかもしれない、
体の中の感覚が鈍感で、刺激を入れたくて動いてしまっているのかもしれない、
その部屋のにおいが嫌で耐えられず、出て行ってしまったのかもしれない、
……いろいろ考えられます。

そして、これらの理由がわかったら、それに合わせた対応ができます。
子どもは「わかってくれた！」と安心できます。

子どもの気になる姿、困った行動は、
ぼくのこと、わたしのこと、わかって！　という、子どもからのSOS。
子どもの困りや不安をわかったうえで、こたえていく。
そういう思いで、この章は構成しています。

障害名は関係ありません。
27のケースから子どもの気になる行動、姿に気づき、
「それはなぜ？」で、子どもの本当の思いを知り、
「どうしたらいい？」で、子どもへのかかわり方を考えていきましょう。
家庭でできる療育のエッセンスもたくさん盛り込みました。
これならできそう！　やってみたい！　と思えることから試してみてください。

2章　こんなときどうしたら？

Case:1
歯磨きやつめ切り、耳掃除を嫌がる

生活

歯磨きをとても嫌がり、追いかけ回したあげく、押さえつけて無理やり磨くことも。
毎日のことなので、本当に困って、親のほうもイライラ、ストレスがたまります。
それ以外にも、つめ切り、耳掃除も苦手なので、
これは眠っている間にこっそりやるしかありません。

それはなぜ？

触覚が過敏で、触られるのがとっても不安

　触覚の過敏さがかかわっていると考えられます。自閉症スペクトラム障害のある子どもの多くに感覚過敏（P.42参照）があることがわかっていますが、これは本人にとって、苦手という程度のものではなく本当に耐え難い苦痛で、「我慢しなさい」「慣れるから」と、なだめてやらせるようなことではありません。触られることへの不安が大きく、新しい感触は怖くて仕方ない。まず、そのことを理解してほしいと思います。

　また、体の中でも、本能的に攻撃されたら困る、もしくは攻撃に使う部位に過敏さが顕著に出ます。首回り・顔・頭・おなか・つめなどです。ここをそっと、狭い場所でいじられるのが耐えられません。だから、耳かきや、歯磨き、散髪、つめ切りなどは、大変な苦痛なのです。

触覚過敏が出やすい部位

2章　こんなときどうしたら？

どうしたらいい？

自分で「意識して」触ることが大切

　苦手な感覚は避けるのが基本の対応ですが、そうもいかない場合は、苦痛を軽減する方法を考えましょう。例えば、触覚が過敏でも、自分から触るのなら大丈夫という子は結構います。自分で触ることを意識しているからです。そこで、子どもが自ら触るものを観察し、素材・形・大きさなど、それに似た物を用意して、自分から触れる物を増やしていきましょう。その際、子ども自身が触れる物をしっかりと見ていることを確認し、だれかが触る場合は、その人や触れられる場所に意識を向

けられるよう、予告してから触れることも大切です。

　歯磨きやつめ切りはこの方法を取り入れてやってみましょう。それでも嫌がる場合は、寝ている間に行いましょう。また、耳掃除は、見せることができないので、嫌がり方が激しければやはり寝ている間に。

●歯磨き

見せる…鏡（手鏡）で口の中を見せて。
予告する…「ここを磨くよ」と知らせる、または子どもに選んでもらう。

自分でやる…子どもに歯ブラシを持たせて。嫌がらなければ大人が手を添えて一緒に磨く。

●つめ切り

見せる…切る場所を明確に。水性ペンでマークしても。
予告する…ここを切るよと予告。もしくは子どもに選んでもらう。

自分でやる…子どもにつめ切りを持たせ、その手を大人が持って切る。

触覚を育てるあそび

嫌がるからといって、いつまでも寝ている間に……では困りますね。
そこで、触覚過敏を和らげるあそびを紹介しましょう。これらは
この後のCase2〜3にも共通した触覚の発達を促すあそびです。

●何の形?

子どもの背中やてのひらに、大人が強めに形（丸、三角、四角など）をなぞり、子どもはその形を当てる。

●シールを探せ!

子どもの体の見えない部分（背中やふくらはぎの後ろ、肩など）に大人がシールをはり、そのシールを自分で探す。見えなくても自分の体なので能動的に触ることができる。

●片付け名人

いろいろなおもちゃに、子どもの好きなキャラクターのシールをはり、部屋のあちこちに置いておく。大人が「○○片付けて」と伝え、子どもは言われた物を探してかごに片付ける。お買い物ごっこにアレンジしても。

●手探りゲーム

袋の中に、ままごと用の食べ物や小さなおもちゃを入れておく（不安が強い場合は入れるところも見せて）。子どもはその袋に手を入れ、触っただけで何かを当てる。大人が「○○取って」と指定した物を触って取り出しても。

※子どもが意識的に触覚を使うことが大切。子どもが楽しんでいるか、触感を意識しているかを確認しましょう。

2章 こんなときどうしたら？

Case:2

服のタグや手袋、砂・泥など、肌に触れることを嫌がる

生活

新しい服はタグや縫い目が当たるから嫌だと言って、決まった服しか着ません。
靴下は嫌いで、冬でもずっとはだし。手袋・マフラーも嫌がって着けません。
衣類だけではありません。砂・泥・粘土やのりなど、ちょっとでも手に付くと嫌がり、
園でも砂あそびや製作あそびはまったくしないようです。

圧迫感、温感、痛み、かゆみなど、いろいろな感覚過敏があります

　根底にある要因はCase1と同じ触覚過敏。皮膚に触れる感覚を本能的に嫌がっているということですが、皮膚感覚にもいろいろあって、触られる圧、熱さや冷たさ、痛み、かゆみなど、いろいろな感触が関係しています。これらは、だれもが体感しているものですが、触覚過敏があると、それは想像できないようなつらさです。触感を嫌がっているなと思ったとき、さらに詳しく、圧迫される感じが嫌なのか、温度が嫌なのか、痛みがあったりちくちくしたりするからなのか、かゆいのかを、見てみましょう。

手袋・マフラーは、子どもと一緒に選んで

　できる限り嫌な感覚を取り除きます。タグは取り、手袋やマフラーは、どんな形や素材がいいか子どもと相談してみましょう。手袋ならミトン、5本指、指が出る物のうちどれがいいか、マフラーならウールとコットンどちらがいいか……など。好きなキャラクターの物なら着けたくなることもあります。

　ある程度の話がわかる年齢になったら、「体が冷えると風邪を引いてお熱が出るから、体を温めるためにするのよ」など、理由を説明します。それでも嫌がるのなら、手袋・マフラーは、なくてもよしとしましょう。それを着けることでのストレスのほうがデメリットと考えます。

砂・泥・のりは、自分から楽しむ工夫を

　砂・泥やのりも、無理に慣れさせるのではなく、自ら触ってみようかな……と思えることが大切です。Case1でも言いましたが、自分から触るのなら大丈夫とい

うこともあります。家族が楽しそうにあそんでいるのを見せ、興味を示したときに、ほんのちょっと自分から触るように誘ってみましょう。指先でちょっと触ってみたり、触覚過敏が強くない部位に付けてみたり。泥んこは冷たさが嫌な場合もあるので、お湯で作ってみるのもいいでしょう。のりはヘラを使ったりスティックのりにしたり……絵の具で好きな色を付けたら触ってみようという意欲が出た子もいます。見て楽しそう、使って楽しかったという体験につなげるよう、いろいろ工夫してみてください。

砂・泥・のりあそびを、自分から楽しめるように

冷たいのが苦手な子には、あったかい泥んこあそび。

色付きのりにしたら、触れたということも。

「ここに付けるよ」と予告してから、付ける。

指先でちょっと触ってみる。

おしぼりや水を近くに置いておくことで、すぐに取れるからと安心できることも。

避けられない痛みは、「安心感」で和らげて

タグやマフラーのちくちくした痛みは避けることもできますが、注射など避けられない痛みもあります。この場合は、和らげる対応が大切です。例えば注射をするときに、お母さんが抱っこしてお話をしたり歌をうたったり、子どもに合ったリラックスや気が紛れる方法を探してみましょう。

話して理解できるようなら、どうして注射をするのか説明することが、ときに有効です。特に予防接種は定期的に行わなければならないので、その意味を説明します。「"ワクチンで防げる病気"があって、注射はそのワクチンを体に入れるために必要」「その病気は人にうつることもあるから、すべての子どもがしなくてはならないのです」と。子どもの理解度や発達の特性によりますが、この説明ですんなりとできるようになった子もいます。

過敏さが顕著でなくても、見通しがもてない、何が起こるかわからない環境の中、関係ができていない大人がかかわると過敏な反応を起こしやすくなります。つまり、不安が過敏さを強くするのです。刺激を与える意味を伝えること、それを与えられる場面や人にどのくらい安心感をもてているかが大切になります。

子どもに合ったリラックス法を

飛び出す絵本、パズル、万華鏡、動くおもちゃ、鏡、好きな音楽、音の出るおもちゃ、好きな感触のボール、マッサージ、体をさするなど。

診察・治療でパニックになったらどうしよう……

予防接種や歯科治療は感覚過敏だからといって避けることはできません。その場でパニックになったらどうしよう、と不安な場合は、事前に医師に感覚の過敏さがあることを伝えておきましょう。歯科医の中には、発達障害や感覚過敏に理解があり、対応に慣れている人がいます。インターネットや口コミで探すほか、保健所などで紹介してもらうのもいいでしょう。

Case:3

生活

お風呂やシャワーを嫌がる

お風呂が大嫌い。特にシャワーを嫌がるので、洗面器でお湯をかけ流しています。
また、顔にお湯がかかると大変。すぐにふかないと、泣き叫んでパニックになります。
湯船に入るのを嫌がって、体を流しただけで終わりにすることも。

シャワーが痛い、浮く感覚が怖い……ということも

触覚が過敏で、シャワーが当たる感覚が我慢できないほどの痛みに感じることがあります。シャワーのときに「痛い」と言われてもまさかシャワーの水が原因とは思わず、どこかの傷がしみているのかと思ったり、何を嫌がっているのかわからず対応できなかったりということがあります。

また、子ども自身、その感じ方しか知らないのでそれが当たり前と思い、あえて「痛い」などと訴えないため気づかれないということもあります。一方、湯船に入るのを嫌がる場合は、体が浮く不安定な感じが怖くて仕方がないということがあります。この場合、プールも嫌がるでしょう。

そのほか、体を洗うスポンジやタオルの触感が苦手、足裏に感じるお風呂場の床の触感や、入浴剤のにおいがダメ、ということもあります。

シャワーが痛いなら、大丈夫な方法を

まず、お風呂に入るという行為の中で、何を嫌がっているのかを把握しましょう。そしてシャワーを嫌がっているようなら、「痛いの?」と聞いてみます。それで、痛がっていることがわかれば、対策を練ることができます。

シャワーを使わず、洗面器でお湯をかけて流すなら平気、特定の部分を除けばシャワーが当たっても大丈夫、ということもあります。どういう方法なら大丈夫か、子どもに聞きながら、見つけていきましょう。

ちなみに、お湯が顔にかかるのを嫌がる子どもの場合、口元まで湯につかって、ブクブク泡を出してみます。目の周辺にかからなければ大丈夫という子どもも多いので、あそびとして取り入れてみましょう。

湯船に浮く感覚の不安は取り除いて

浮く感覚が怖いということであれば、お湯につかることにこだわらず、シャワーで済ませるようにしてもよいでしょう。また、水位を浅くして半身浴にしたり、親が一緒に入って抱っこしてあげることで、不安が軽減することもあります。

入りたくなるお風呂場に

そのほか、スポンジやタオルの触覚過敏や、入浴剤やシャンプーなどのにおいへの過敏さなら、子どもと一緒に大丈夫な感覚を探してみましょう。

また、お風呂場の環境を整えることで、バスタイムを大好きな時間にする工夫も大切です。親御さんが一緒に入ってお話をしたり歌をうたったり、子どもの好きなキャラクターのおもちゃを用意しておいたりして、お風呂が楽しみな場所になるように工夫するといいでしょう。

楽しいバスタイムに

親子で歌をうたったり、なぞなぞをしたり、楽しく過ごす。

壁にお風呂場用のシートをはって。

好きな香りのシャンプーや、好きな感触のスポンジ。

好きなおもちゃを浮かべて。

Case:4
夜なかなか眠れない、朝起きられない

生活

2章 こんなときどうしたら？

夜になると目がパッチリさえてしまい、なかなか眠れません。
寝る前になると機嫌よくあそび始め、切り上げられず……。
そうなると朝、なかなか起きないという悪循環です。
起きてもボーッとしていて、午前中しばらくその状態のまま、ということも。

脳の目覚めさせ方を、うまく調整できません

　睡眠リズムが不安定という場合、脳の目覚めさせ方を、うまく調整できないことが考えられます。それは、眠っているときだけでなく起きているときの脳の状態がかかわります。この起きているときの脳の状態を「覚醒レベル」といいますが、日中は少しレベルを上げて活動的になり、夜になったら少し下げて眠りに入る状態を作る、というように場面に合わせて自然に調節しています。そのため、このコントロールがうまくいかないと、夜になっても脳の興奮状態がおさまらず眠れなくなったり、朝、起きてからも脳が目覚めずボーッとしていたり、となってしまうのです。

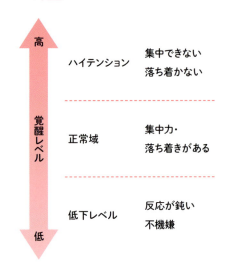

　睡眠や覚醒レベルのコントロールは、体温や心拍、血圧など体のバランスを保つのと同じ部分（視床下部）で行われ、さらに感情にも左右されます。例えば、明日楽しいことがあると思うとうれしくなりすぎて眠れない、試験だと思うと不安で目がさえる、というように。これは、感情を司る部分（扁桃体）から覚醒レベルを上げるオレキシンという物質が分泌されることで起こります。つまり、体のバランスや感情の乱れにより覚醒レベルの調整がうまくいかないことが、睡眠の質の低下につながるのです。

一定した生活リズムを作ることから

　睡眠リズムは、成長に伴い自然に安定してくることも多くあるので、心配しすぎる必要はありません。ただ、遅寝遅起きの習慣は、日中の生活に支障が出ることもあるので、早めに整えていったほうがいいでしょう。

まずは基本的な生活リズムを作ることを考えます。起きる時間、寝る時間のほか、食事やお風呂など、毎日繰り返しの行動で、ある程度決まった流れを作っていきます。そうして一定の生活リズムを保つことで、体温、心拍、血圧も安定し体のバランスをよい状態にもっていきます。これは覚醒レベルの安定につながります。

加えて、生活の中に適度なリラクゼーションを取り入れることも大切。静と動のバランスですね。アロマやマッサージなど子どもの好きな感覚刺激を与えることでリラックス。心拍・呼吸も安定します。

寝る前の、脳の興奮を抑えるために

寝つけないのは脳が興奮状態にあるからと考え、寝る時間帯に気持ちが高ぶらないような工夫も考えましょう。夜、寝る1、2時間前から、興奮するようなあそびは避け、ゆっくりと本を読むなどして少しずつ覚醒レベルを下げていくようにします。また、寝る前の行動をパターン化するのもいいでしょう。毎日決まった流れを繰り返すことで脳がそのパターンを覚え、自然に覚醒レベルを低く落ち着かせることができてきます。

とはいえ、すでに定着している「夜眠くならない」という状態を正すのは、なかなか難しく、時間もかかります。時々、このパターンが崩れてしまうのも仕方ない、とおおらかに構え、焦らず、無理のない範囲で進めていきましょう。

なお、日中の不安や緊張が積もり積もって夜まで持ち越し、感情の乱れを起こしていることもあります。そういう場合は、不安・緊張のもととなっていることをしっかりと受け止め、大丈夫だよと安心させてあげることも大切です。

お風呂→マッサージ→絵本→消灯など、寝る前の行動パターンを作るとよい。

Case:5
食事の好き嫌いが激しい、食べ方にむらがある

生活

とにかくひどい偏食で、離乳食を始めたころから、ミルク以外のものはなかなか受け付けず、離乳後も、食べられる物がものすごく限られています。
いくらおかずを用意しても、白飯しか食べないことが多く、栄養的にも心配。
なんとか食べさせようとするのですが、最後には嫌がって大泣き……の連続です。

感覚の過敏さとこだわりが原因です

生後5～6か月で離乳食が始まると、それまでの母乳やミルクという単一の味やにおいから、複雑な味やにおい、食感を体験していきます。味覚・嗅覚・触覚ばかりでなく、胃や腸に入ったときの内臓の感覚や、食事の見た目や環境として視覚、聴覚もかかわり、今までとはけた違いに多くの感覚を使って食事をすることになるのです。

そこに感覚過敏があると、不安は大きくなり不快な感覚を避けようとするのは当然でしょう。無理に食べさせようと頑張ると、「食べない」こだわりに移行する可能性もあります。

また、おなかがすいた感覚を感じにくい子がいて、そうなると、好きな物以外はまったく食べないというように、食べ方にむらが出てしまうこともあります。

食事で使われるいろいろな感覚

受け入れられる感覚を探して

手間はかかりますが、食感、味、におい、どんなものなら受け入れられるのか試してみましょう。触覚過敏は皮膚だけでなく目や口や鼻の中の粘膜にもあります。口内粘膜が過敏な場合、フライ類のトゲトゲや生野菜のシャリシャリ感などを嫌がる子が多いようです。また、温度に敏感な子もいて、熱さ・冷たさを嫌がっている場合もあります。

対応としては、無理せず、放っておかずのスタンスで。嫌がってもしからずに、まずは「嫌なんだね～」と本人の気持ちを受け止めましょう。そして食感・味・においなど少しずつ変化させ、受け入れられる加減を見つけます。味なら、その場で少し調味料を足してみたり、形状を変えたり。食器や盛り付けを変えてみるのもいいでしょう。ほんの少しの変化で、「あれ？ 食べてくれた」ということもあります。そうして、食べられる加減がわかったら、しばらくはそれを続け、安心して口に運ぶころにまた少し変化を加えます。食べる量より、受け入れられる感覚を広げるという気持ちが大切です。

ちょっとした工夫で食べられることも

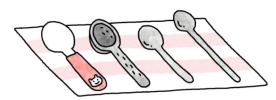

スプーンは、木製、キャラクター付きなど素材・形・大きさを変えていくつか用意。ティースプーンは抵抗なく口に入れる子が多い。

少しずつ小皿に取り分け、「このくらいなら食べられるかも」と思えるように。
少量ずつ並べて順に食べるのも、終わりがはっきりして達成感がもてる。

過敏の程度が強くても対応は同じ

　発達障害のある子どもの中には、いわゆる「好き嫌い」では済まないレベルの偏食の子どももいます。食べられるのは白いご飯だけだったり、同じ牛乳でもあるメーカーの物しか受け付けなかったり。でも、対応は障害のあるなしで変わるわけではありません。感覚の過敏さがほかの子と比べて強く、和らげるのには時間がかかるということ。ほかの子よりずっと時間がかかるけれど、根気よく、また、かなりのスモールステップで進めていく必要がある、と思っていたほうがよいでしょう。

焦らず、ゆったり構えて

　極端な偏食の場合、成長期に必要な栄養が満たされないと不安になることもあるでしょう。でも、母子手帳の乳幼児身体発育曲線の標準域から大きく外れていなければ大丈夫。身長、体重が着実に増えていれば栄養はとれているので、あまり心配しすぎないようにしましょう。
　何より大切なのは焦らないこと。ゆっくりでも、安心して口に運ぶものが増えれば、極端な偏食にはなりません。大人になるころには、好みの味覚が変わり、昔食べられなかったものが食べられるようになることはだれでも経験していると思います。そのくらいおおらかな心構えでいられるといいですね。

Case:6
食事に時間がかかる、落ち着いて食べられない

生活

2章 こんなときどうしたら?

特に偏食がひどいわけではないのですが、食事がなかなか進みません。
だんだんといすからずり落ちたり、突っ伏したり、ひどい姿勢。
また、右手しか使わず、左手はいつもだらーんと下がった状態です。
一方、気が散りやすく、すぐに食卓を離れてしまうことも。

お行儀よくできない理由があります

　偏食以外で食事がスムーズに進まない要因として、姿勢を保てない、不器用、注意散漫などが考えられます。

　食べるときの姿勢には、体内で感じる固有覚や前庭覚がかかわっていますが、この感覚が鈍いとよい姿勢を保つのが難しく、いすからずり落ちたり、テーブルに突っ伏したり、だらしない格好になります。手先が不器用なのも感覚の働きが関係していますが、スプーンやおはしをうまく使えないと、こぼす量は多くなります。うまく食べられないとイライラしてしまうこともあるでしょう。また、注意散漫の場合、気になることがあると食事中でも構わず立ち歩き、そのままあそび始めてしまうことがあります。感覚が鈍いことから、むずむずしてつい動いてしまうこともあります。

　こうした姿はすべて「お行儀が悪い」ととられがちで、しかられる要因になります。食事のたびに注意されるので、食事自体が嫌になってしまうことも少なくありません。

食べるときの姿勢を保つには

頭の位置と上半身全体の傾きを感じる＝前庭覚

背中の中心を感じて、腹筋・背筋への力の入れ具合を調整する＝固有覚

食器を持つ腕の位置や力の入れ具合を調整する＝固有覚

落ち着いて食べられる環境を作りましょう

　その子が落ち着いて座っていられない要因をわかったうえで、それに合わせた環境作りをしていきましょう。姿勢の保持が必要な場合は、いすやテーブルを見直し、不器用な場合は、使いやすい食器に換えてみる。気が散る子どもには、いろいろな刺激が入りにくい席する、といった工夫です。家族一緒に食卓を囲み、食事が楽しくなる雰囲気作りも大切ですね。

座っていられる体作りを

　座り姿勢については、実際に手で支えて正しい姿勢を作り、体感していくといいでしょう。正しい姿勢の絵や写真を見せることでイメージしやすくなるので、試してみるのもいいでしょう。

　なお、姿勢の崩れや不器用さは、感覚の偏りが原因です。環境を整えることとあわせて、座っていられる体作りも考えましょう。P.134から、感覚機能を育てる運動あそびを紹介しています。家庭ですぐに取り組めるものばかりなので、ぜひ親子で楽しんでみてください。

Case:7
おむつが取れない、おもらししても平気

生活

3歳を過ぎても、なかなかトイレでおしっこができません。
「おしっこ出るかな?」とトイレに誘っても、「出ない」と言って、その後すぐにもらしています。
また、なぜかうんちだけはおむつにしたがって、トイレでの排便に成功したことがありません。
もうすぐ幼稚園入園なので、おむつを外したいのですが……。

それはなぜ？

排せつ機能の未発達と、感覚の過敏があります

発達障害のある子どもの中には、排せつの自立が遅れるケースが結構あります。それにはさまざまな原因が考えられますが、まず、おしっこが出るという「尿意」を感じにくい、膀胱におしっこをためる機能がうまく働かない、といったことがあります。そうすると、排せつのリズムや間隔も不安定になります。なお、腰の下のほうで内臓を支える筋肉（骨盤低筋）がうまく働くことが排せつ機能の向上につながるのですが、これが未発達ということも考えられます。

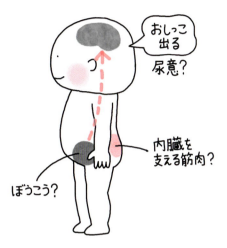

トイレに入ることを嫌がるという場合は、感覚の過敏さが考えられます。具体的には、「おしりを便器に付けるのがイヤ」「狭くて、窮屈」「くさい」「電球の光の色がイヤ」など。また、実際に座ってみて、「足が床につかない」ことでの不安もあります。体のバランス感覚がうまく保てないと、便器の中に落ちるのではないかと感じてしまうことがあるのです。

 どうしたらいい？

排せつリズムをつける工夫

尿意を伝えず、おもらしをするという場合は、大人がある程度のリズムを作ってみましょう。おしっこをしたそうな素振りを見せるのなら、そのタイミングで。それがないなら、時間を決めて定期的にトイレに誘います。最初はそれで成功することは少ないかもしれませんが、しばらくすると子どもの体がそのリズムに合ってくることがあります。タイミングよく排せつできたら、一緒に喜びましょう。ただ、出なかったり失敗したりしても、責めずにさらっと流すおおらかさが大切。焦りや無理強いは禁物です。嫌がっているのを無理に連れて行ったり、出ないからといって長いこと便器に座らせたりすると、トイレ自体が嫌になってしまいます。

入園を控えていても焦らずに

　今、幼稚園の入園時（3歳児）、おむつが取れていない子は結構います。それが原因で入園を断られるのではと気にする親御さんもいますが、ほとんどの園でその心配は無用です。ただでさえ入園時は不安が多いもの。少しでも不安を取り除くため、必要なら園に慣れるまでおむつを付けて登園してもらい、園生活に慣れてきたころ家庭と一緒にトイレトレーニングを進める相談をする、という園が多いようです。

　入園を控えているからと無理におむつを外させようとして不安をあおることのないように、受け入れ態勢に不安があれば、入園面接などで相談してみましょう。

安心して便器に座れるように

　便器の感触が嫌な場合は、おまるにしゃがむことから始めましょう。おむつを付けたまましゃがんでする子は多いので、おむつを外し、おしりがおまるに付かないようにしゃがんでしてみます。おむつ以外ですることに慣れたら次は補助便座（洋式便器に取り付ける子ども用の便座）です。

　足が付かないのが不安なら足台を置いてみます。バランスが保たれ安心して座ることができるでしょう。また、踏ん張りがきくことでおなかに力が入り、排せつしやすくなります。

楽しく安心なトイレ環境

トイレ環境を工夫して

　トイレを、行きたくなる楽しい場所にしましょう。好きなキャラクターのポスターをはる、きらきら光るモビールをつるすのもいいですね。くさいと言う場合は、子どもの好きな香りのアロマを置いてみます。柑橘系やミント系の香りを好む子が多いようです。また、子どもがトイレに行く前にアロマオイルを便器の中に2、3滴たらしておくと、においが気にならなくなります。

　また、電球の光の色は、リビングなどほかの部屋と同じにしましょう。ただ、狭い場所なので明るく感じることがあるかもしれません。その場合はワット数などで調整しましょう。

排せつ機能を高める運動

　骨盤の筋肉を鍛えることで、排せつ機能（膀胱の働き）を高めることを考えます。体幹を鍛えるという視点です。

　幼児に体幹？と思うかもしれませんが、あそび感覚で楽しくできる体操があります。親子のスキンシップにもなるので、楽しんでやってみてください。

　金魚体操やストレッチはお風呂上がりのリラックスした時間に行うといいでしょう。

金魚体操

大人が足を持って、ゆらゆら揺らす。

くるりんぱ

向かい合って両手をつなぎ、逆上がりの要領でおなかを上ってくるりんぱ。

Case:8
着替えがうまくできない、なかなか進まない

生活

もうすぐ5歳なのに、1人で着替えができません。
服を脱ごうとしても、そでから手を抜けずに悪戦苦闘。
立ったままパンツをはこうとしたら、よろけて転んでしまう。
ボタンのかけ外しは、やっているうちにイライラが募ってきます。
でも、大人が手伝おうとするとものすごい勢いで嫌がります。

それはなぜ？

思うように体を動かせないことと、こだわりが主な要因

　いつまでたっても着替えができないという場合、その要因として、ボディイメージ（自分の体の感覚）のもちにくさが考えられます。自分の体がどうなっているかがわかりづらく、見ないで体を動かすことが難しいため、服を脱ぎ着するときに、どのくらいひじを曲げればよいのか、どのくらいの力で服を引っ張ればいいのかが直感的にわかりません。また見る力が弱く、服の表裏、上下・左右がわかりづらいということもあります。さらに、手先が不器用だと、ボタンのかけ外しなど指先の細かい作業は難しいでしょう。

　もう1つ、着替えがスムーズにいかない要因に、これじゃなきゃダメという特定の服へのこだわりということがあります。皮膚感覚が鈍感で、暑さ・寒さを感じにくく、気候に合わない服を着たがったり、触覚過敏から特定の素材やタグ、靴下のゴムが原因で着ないということもあります。

　さらに、手順へのこだわりもあります。急いでいるからと親が勝手に着せてしまうと、全部脱いで初めからやり直しとなり、かえって時間がかかってしまうこともあるでしょう。

どうしたらいい？

見ることを意識して

　体をどう動かしていいのかわからない場合、動かす所を見て意識を向けることが大切です。初めは、「手をここに入れて」と、実際に手をもっていきながら援助しましょう。入れる所を子どもがしっかり見ていることが大事です。ひじやひざを曲げるときも、どこまで曲げればよいか形を作って、実感できるように。子どもの手足を触るときは、その部位に意識が向くように、少し強めに触るといいでしょう。

　ボタンかけは、目で見えて、いちばんや

2章　こんなときどうしたら？

りやすい1つだけをやるようにして、それ以外は親が留めてあげるのもいいでしょう。1つだけでもできた！という達成感を味わうことから始め、徐々に2つ、3つと増やしていく、スモールステップがいいでしょう。できたときには思いきりほめましょう。

なお、根本的な支援として、ボディイメージや手先の動きを育てていくことも大切。P.134〜137に家庭で取り組みやすい運動あそびを紹介していますので、試してみてください。

服にわかりやすい印を付けて

服の前後、表裏、靴の左右などがわかりづらい場合は、印やマークを付けて、わかりやすい工夫をしてみましょう。また、余裕があれば、着替える前に向きをそろえて置いてあげるといいですね。

さらに、お手伝いとして服をたたむ作業をしているうちに、洋服の前後左右が認識できるようになるということもあります。

その子なりの「納得」ができるように

自分1人ではできないけれど、手順にこだわるという場合は、「この順番がいいのね」と認めたうえで、難しいところを手伝ってあげましょう。そのとき、気づかれないようにさりげなく、がいい場合もあれば、きちんと、「ここはお母さんがやるね」と知らせて納得してから手伝うほうがいい場合もあるなどといろいろなので、子どもに合わせて対応していきましょう。

また、夏なのに厚着など季節に合わない服装にこだわる場合、温度計を見せて、「25℃になったから半袖を着るんだよ」「10℃だからコートを着ようね」など、わかりやすい基準を示して説明するといいでしょう。

園服などの衣替えに対応できない場合は、カレンダーに衣替えの日を記入して、1〜2週間前から予告しておくと、心の準備ができて納得しやすくなります。

着替えを助ける工夫いろいろ

マークやひもを付けて

服の前後がわかりやすいよう、マークを付ける。

靴のかかとに、ひもで取っ手を付けて、引っ張りやすく。

ボタンかけをわかりやすく

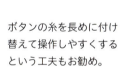

ボタンの糸を長めに付け替えて操作しやすくするという工夫もお勧め。

自分が着た服でやるより、ボタンの位置がよく見えてやりやすくなる。厚手の布と大きめのボタンのものを選んで練習を。

低い台を用意して

パンツやズボンは、低い台があるとはきやすい。子ども用のいすやベンチを利用するほか、牛乳パックなどで作っても。

音楽をかけて

着替えの最中に、ボーッとして手が止まってしまう子も。そんな場合は、好きな曲をかけて、「これが終わるまでに着替える」とすると、楽しく取り組めて、始まりと終わりもわかりやすい。

2章 こんなときどうしたら？

Case:9

生活

朝の支度がなかなか進まず、忘れ物も多い

朝の支度ができず、1つ1つの動作に時間がかかります。
親も忙しいので、つきっきりにもなれず、早くしなさい!と声をかけるだけ。
でもまったく進まず、結局、時間がなくてバタバタと出ていき、
忘れ物をした!という繰り返し。何度言っても改善しません。

気が散りやすく、集中できない脳が原因に

朝の支度が進まない……こうした姿は、子どもなら当然ともいえますが、発達の偏りが要因となっているケースも多々あります。

まず考えられるのは、不注意。すべきことはわかっているのに、うっかり忘れてしまったり、途中で目に入ったおもちゃやテレビに気を取られて、支度をするのを忘れてしまったり、ということです。また、ワーキングメモリ（一時的な記憶）がうまく働かないと、顔を洗って→着替えて→ご飯を食べて→歯を磨いて……といった朝の手順を頭に入れて行動するのは至難の業。今、何をすべきなのか、すぐにわからなくなってしまいます。忘れ物が多いのも、ほぼ同じ理由。失敗を繰り返し、何度も注意され、自尊心が低下していることも考えられます。

なお、朝、起きても覚醒レベル（P.78参照）が上がらないため脳が目覚めず、起きてもボーッとしたまま、動き出すのに時間がかかるということもあります。

朝の支度は、絵カードで「思い出す」工夫

「思い出す」「見通しをもつ」工夫を考えましょう。こうした子どもたちは、見る力が優れていることが多いので、視覚的に伝えるようにするとよいですね。

ただ、朝は親御さんも忙しく、いちいちついて見守るのは難しいと思います。休日など余裕のあるときに、しっかり教えるようにして、毎日やらなくてはと頑張り

ボードにはって
朝やるべきことを、絵や写真にし、手順に沿って並べておく。1つ1つ確認しながら支度を進め、終わったら、箱に入れるようにしても。

2つ並べて見せる
次の行動とセットで見せることで、見通しがつきやすくなる。

すぎないように。何度かやって習慣がついてくると、声をかけたり手を出したりする回数が減ってくるでしょう。

忘れない、なくさないために

子どもの不注意を直そうとするのではなく、忘れることを前提につきあいましょう。本人の努力不足でも怠けているわけでもないのです。忘れ物が多いことは、幼児のうちはあまり問題になりませんが、小学校に入ると、毎日の持ち物のほか、お知らせプリントや連絡帳など、自分で管理しなくてはいけない物が多くなります。忘れない工夫を考えましょう。

なお、こうした工夫で忘れ物が減ったり、自分で気づいたりしたときには、しっかりほめていきましょう。

忘れない、覚えておく工夫

翌日の持ち物を、1つずつ付せんに書いて連絡帳にはっておく。

夜のうちに付せんを見ながら持ち物の準備。そろえたら付せんを外していく。

毎日の持ち物は、いつも玄関の決まった場所に置いておく。

Case:10

生活

整理整とん・片付けが苦手で、部屋は散らかり放題

2章 こんなときどうしたら？

次から次へとおもちゃを出し、ちょっとあそんだらまた次のあそび……。
おもちゃは出しっぱなしのままなので、部屋は散らかり放題。
片付けなさい！と言うと、しぶしぶ片付け始めるのですが、
ちょっと目を離すと、もう放り出して、別のあそびを始めています。
整理整とんも苦手で、園や学校のロッカーはぐちゃぐちゃです。

片付けに集中できないことと、「見る力」が関係しています

そもそも、物を出したら片付けるという概念がない、知らない、ということも考えられますが、気が散りやすく、片付けることに集中できないという発達特性があることも考えられます。この場合、片付け始めても、出てきたおもちゃであそび始めてしまい、何をしていたか忘れてしまう……結局片付ける前より散らかってしまった、なんてことも。

また、物の位置や距離感をとらえたり、部屋全体の構図を頭に描いたりが苦手なことから、何を、どこに、どうやって片付けたらいいのかわからない、ということもあります。

いつまでたっても片付けられないので、大人に何度も注意され、自尊心を下げてしまっている子どももいます。

自尊心を下げないように

片付けられない子の多くが、わざとそうしているのではありません。片付け始めは、ちゃんとやろうと思って頑張るのです。でも、それが続かない。そのことに、本人ももどかしく、「どうしてできないんだろう」と思っているはずです。つい「また〜」「いつもいつも、どうして……」としかりたくなってしまいますが、そこはぐっと我慢して、片付けられる工夫を考えましょう。

一緒に片付けることから

ただ「片付けて」と言うだけでは、わからないこともあるので、「このブロックをこの箱に入れて」と、具体的に何をどこにしまうかを教えましょう。親が実際に片付けるところを見せることも大切です。

また、一度にたくさんの量をお願いすると、嫌になってしまいます。まずは1個片付けられたら、「できたね！」とほめ、やる気があるようなら、「次はこれをここに……」と、スモールステップで進めましょう。

片付けやすい環境作り

　片付け方を覚えたら、徐々に1人でもできるようにしていきたいですね。そのためには、片付けやすい環境作りが大切です。

　写真や絵の表示の工夫や、子どものおもちゃの置き場所を1か所にまとめておくのも、わかりやすくするポイントです。また、散らかさない工夫も大切。小さいカーペットを敷き、その上であそぶようにすると、自分のスペースが明確になり、家中におもちゃが散らかるということを防げます。

片付く工夫いろいろ

この上であそぼうね

絵や写真で表示してわかりやすく。

引き出しの底に、入れた状態の写真を敷いておき、その通りに片付ける。

おもちゃは1か所にまとめて。あまり細かく分けずに、とりあえず全部ここに入れる、という方法も。

ミニカーペットであそびスペースを意識。

ご褒美で意欲を高めて

　片付けができるたびに何か目に見えるご褒美をあげるのもモチベーションを維持する1つの方法です。片付けができたらシールをはって、10枚たまったら、好きなお菓子を買う、ママと好きなあそびをする、など、ご褒美を何にするかも子どもと相談して決めるといいですね。

Case:11

人に触られることを嫌がる、なかなか目が合わない

コミュニケーション

赤ちゃんのころから人に触られるのを嫌がり、抱っこもなかなか慣れませんでした。
なんとなく通じ合わない感じがあるのは、目が合わないからかもしれません。
少し大きくなってからは、家族なら触れても大丈夫になりましたが、
園で友達と手をつなぐ場面では、手を振り払って嫌がってしまうので、
人を選んで嫌がっている、わがまま、ととられてしまうこともあります。

触覚過敏から、愛着が築きにくくなる心配も

　触覚過敏が強いと、親のスキンシップさえ不快なものと感じてしまいます。親もどうかかわっていいのかわからず、愛着が築きにくくなるということも。成長とともに過敏さが和らいでくると、家族なら大丈夫になってくることもありますが、関係の浅い保育者や友達には過敏さが出て、つなごうとした手を振り払ったりすることがあります。

　また、目が合わないことをすぐにコミュニケーション力のつまずきととらえる傾向がありますが、それ以外に、眼球運動がうまくいっていないということも考えられます。

触れるのが大丈夫な範囲を探して

　触覚過敏は脳の特性、感覚的なことが要因で、親自身を嫌がっているのではないと理解し、その子の大丈夫な範囲を探してスキンシップを試みていきましょう。

　大人が触れるとき、過敏だからと、そっと触れたり、くすぐって喜ばせようとしたりしがちですが、実はこうしたかかわりは苦手。少し圧迫するようにしっかり触れるほうが不安は少なくなります。「一定の圧力で、場所を動かさず」触れることを意識しましょう。

　なお、乳児で抱っこを嫌がる場合、位置や姿勢の不安定さを嫌がっていることがあります。この場合は、横抱きにするだけで、すっと落ち着くことも。こうした安心できるスキンシップにより、共感性や大人への信頼感がはぐくまれます。

言葉でないやり取りをはぐくむ

　人とかかわるうえでは、言葉以外のコミュニケーション（視線、表情、しぐさなど）がとても大切。この非言語のコミュニケーションを、やり取りあそびで体験していきましょう。大人の反応を予測して期待し、わくわくしながら繰り返すことで、自然に大人と視線を合わせ、楽しい気持ちを共有します。典型的なあそびが「いな

いいないばあ」ですが、人への関心が薄い子どもはこのあそびが成立しにくいようです。人よりも物への関心が強いという特性を生かしてあそんでみましょう。

0〜2歳児向け 風船でやり取りあそび

①子どもが見ているのを確認して風船を膨らませる。膨らむようすを興味深く見ていたらgood。
②風船を飛ばし、子どもはその動きを目で追う。追えない場合も落ちた所を確認できるよう、大人が言葉や指さしで伝える。
③子どもが自分で風船を拾いに行く。行かない場合は、「拾ってきて」と伝え、それでも行かなければ、大人が拾って手渡しする。
④子どもは自分で膨らませようとするが、できない。このあそびが面白ければ必ず大人に「膨らませて」というように差し出すので、そのとき視線を合わせ、合った瞬間に大人が風船を膨らませる。→「視線を合わせると楽しいことが起こる」というつながりが理解できるようにする。

※風船の代わりに、こま回し、シャボン玉飛ばしなどでも同様にあそべます。

誤解されないように伝えて

園や学校で、手をつなごうとした友達の手を振り払ってトラブルになったりすることがあります。あらかじめ担任の先生に、感覚的な要因で手をつないだり触られたりするのが苦手だということを伝えておきましょう。また、そういう場面に居合わせた場合は、相手の子どもに謝ったうえで、同様のことをわかりやすく伝えてみましょう。その際、「あなたのことが嫌いでやったわけではない」としっかり伝えます。意外に子どものほうが、すんなり理解してくれることが多いようです。

Case:12

コミュニケーション

人とかかわらず、いつも1人

2章 こんなときどうしたら？

いつも1人で黙々とあそんでいます。
家では静かでいいのですが、園や学校でも、
友達とのかかわりはほとんどないようで、心配。
あそびもいつも同じで、友達が混ぜてと言っても無視しています。
一緒にあそぼうとそばに来た友達を、突き飛ばしてしまうこともあります。

人とかかわる力の育ちとこだわりが関係しています

　人への関心が薄い、目が合わないというのは、自閉症スペクトラム障害の特性でもあるコミュニケーション力の育ちが関係しているかもしれません。人より物への関心が強い場合、意識して人とのかかわりを作っていかないと、人間関係はなかなか広がりません。

　また、いつも同じあそびを繰り返すというのは、興味の偏り・こだわりが考えられます。興味・関心の範囲がとても狭いので、興味のあること以外にはまったく意欲を示さないのです。多くの子どもたちは、3歳ごろから友達と一緒にあそぶことを楽しみ始めますが、人への関心が薄く、興味の偏りが強いと、4歳を過ぎてもいつも1人、同じあそびを繰り返す、ということもあるのです。

　混ぜてと言って入ってきた友達を突き飛ばしてしまうのも、その相手が嫌なのではなく、自分の思う通りに作っている世界を壊されると感じて、避けようとしただけなのかもしれません。外に意識が向いていないので、「混ぜて」という声も耳に入っていないかもしれませんね。

好きなあそびから人とのかかわりにつなげて

　1人あそびから、ほかの子を意識し始めるのが2歳ごろ、実際に役割分担をしながら友達と交流してごっこあそびやゲームをするようになるのは3歳ごろからといわれています。そのため、4歳過ぎてもまったく友達に興味を示さず、いつも1人という場合、少しずつでも周りを意識したり、あそびの幅を広げたりということを試してもいいかもしれません。

　ただ、同年齢の子どもとでは、やり取りの中で自分の予測と違うことが起こりやすく、不安が増す可能性があります。その点、大人は子どもに合わせてあそぶことができるので、まずは親子2人であそぶことから始めましょう。

　その場合、本人が今、興味をもってやっているあそびから広げるのがいいでしょう。電車を並べてあそんでいるなら、隣で駅や車庫を作ってみるとか、お客さんを乗せてみるとか。初めは、本人のあそびのパターンを崩さないことが大切です。それを繰り返すうちに、あそびの中で楽しい気持ちを共有したり、視線を交わしたり

ということが増えてくるでしょう。
　大人と一対一のあそびに慣れてきたら、少し年上のきょうだいや友達、そして同年齢……というように、少しずつステップアップしていきましょう。

好きなことに没頭できる時間を保障して

　入園・入学や進級で環境が変わると、不安は強まります。園や学校では、緊張する場面、我慢しなければならないことも多いので、せめて家では好きなことに没頭する時間を保障しましょう。
　毎日、家に着いた途端、お風呂場のシャンプーとリンスの並んでいるのを確認し、ミニカーを全部並べ直して、初めて落ち着くという子どももいます。帰ってからずっと好きなブロックあそびをしている、という子もいます。園や学校での変化に富んだ生活で疲れきっているので、家で「変わらない物」を見て、気持ちを落ち着かせるのです。そんな姿が見られたら、「ああ、この子は園（学校）で、すごく頑張っているんだな」と思って、静かに見守ってほしいと思います。

Case:13

言葉がなかなか出ない

なかなか言葉が出ず、3歳過ぎて、やっと単語が出始めました。
ところが、うれしくて、何度も話すように促したら、嫌がってしゃべらなくなってしまいました。
大人の言うことは理解しているようなのですが、
自分から話すことはほとんどありません。

人の声への関心が薄く、言語学習のスタートが遅れます

　赤ちゃんは、おなかの中にいるころからお母さんの声や言葉のリズムを、好む音として聞き分けています。この、音を聞き分ける力は言葉の学習の基盤となるのですが、人の声への関心のもちにくさから、生まれつきの「言葉の学習の基盤」を備えていない子どもがいます。もともとのスタートが遅れるのですから、2歳ごろ多くの子どもが話し始めても「言葉が出ない」ということになってしまいます。

　また、もう少し年齢が進んでから見えてくる課題として、意味がわからず、言葉が出たとしてもだれかのまねをしているだけ、ということもあります。逆に意味は理解しているのに、脳内の情報処理がうまく働かないため、言葉として出てこない、ということもあります。

　なお、これら以外に、口の構造の問題で、しゃべりづらいということもあります。

2章　こんなときどうしたら？

声のやり取りを楽しんで

　なかなか意味のある言葉が出ない、という場合、声を出しているのならそのことを楽しませましょう。子どもの発した声（音）をまねしたり、それに合わせて歌をうたったり、応答的に働きかけます。笑顔で大きくうなずきながら、相互交流することを心がけて。声を出す楽しさを味わう、声のやり取りが大切です。

　言葉のリズムに合わせて手拍子を打つのもいいですね。正しい言葉のリズムが身につきます。

絵や写真に言葉をプラスして

人の声・言葉を聞き分ける力をつけ、理解できる言葉を増やしましょう。見ることや物への関心が強いということを尊重し、絵や写真を使ってあそんでみましょう。

絵を見て覚える

興味のある物の写真や絵カード、絵本を一緒に見て、指さしながら、「いちご」「でんしゃ」など、ゆっくり、明瞭な発音で伝える。たくさん話しかけると伝わりにくくなるので、今、子どもが見ている物を単語で伝えるように。

要求カード

子どもが日ごろ「欲しい」と要求してくる物（牛乳、アイス、ミニカーなど）を写真のカードにして冷蔵庫などにはっておく。本人が「ほしい」という要求を出してきたら、そのカードを指さしながら言葉で伝え、その後、実物を渡す。言葉とカードが一致することで意味が伝わりやすくなる。

　子どもが自分でカードを選択して「欲しい」と差し出すようになれば、さらに高度なコミュニケーションになります。そのときも、大人は「アイス」と言葉を添えて確認してから渡しましょう。
　大切なのは、人とのやり取りを通して、音の聞き分けと理解できる言葉を増やすことです。言葉の表出は後からついてくると考えましょう。

動作や実物を見せてわかりやすく

　絵カード以外に、見て覚える方法として、動作や実物を見せながら話しかけることも有効です。例えば、「帽子をかぶってお外に行こう」というときは、実際に帽子を見せたり、かぶる仕草をしたりすると、伝わりやすくなり、言葉の理解にもつながります。あらたまって練習するのではなく、日ごろの言葉かけの中で気をつけていくといいでしょう。

言い間違いを責めないで

　言葉が出始めの子どもに対して、言葉が不明瞭だったり、間違っていたりしても、いきなり「違うよ」と注意しないようにしましょう。せっかく言葉が出始めたのにおしゃべりの意欲が下がってしまいます。

　まずは、子どもが何を言いたかったのかを推し量り、「そうだね。○○だね」と正しい言葉、発音で繰り返します。「お帰り」に「お帰り」と返す場合も、毎回くどくど注意するのではなく、日ごろは「ただいま」と、さらりと言い換える程度にして、時折、「お帰り」には「ただいま」、「いってらっしゃい」には「いってきます」ということを、楽しい雰囲気の中で伝えるようにしましょう。

　なお、口の構造に問題がありそうな場合は、専門医に診てもらったうえで、口を動かすトレーニングを試してみるのもいいでしょう。

2章　こんなときどうしたら？

お口の体操

大人と2人で並んで鏡を見て、口を大きく動かしたり、舌を出したりして、口や舌の動きを確認する。
※鏡を見ながらやると、自分の感覚と動きが一致するので、言葉を発する発達に役立つ。
口の周りにジャムを付けて、舌でなめてみるのも、口や舌のいい運動。

Case:14
話が一方的で、会話が成立しにくい

コミュニケーション

とにかく電車が好きで、電車の話なら、いつまででもしゃべっています。
相手が聞いていてもいなくても、お構いなしに話し続けます。
そのくせ、ほかの人の話は聞かず、
相手の話の途中にまったく関係のないことを話し始めることもあります。
こんなようすでは、友達との会話も成り立たないだろうなと心配です。

相手の視点に立てないか、忘れてしまうか

　相手に構わず一方的に話す、自分の興味のあることをずっと話し続けるという場合、相手の視点に立ちづらいという思考のくせや、話したい気持ちを抑えらない衝動性があることが考えられます。こういう子どもは、話す言葉自体はとてもしっかりして、ときに大人びていたりするので、言葉の発達には問題ないと思われがちですが、実は、会話のキャッチボールという点では困難を抱えています。

　相手の視点に立てない子どもは、自分の好きなものは相手も好き！ 自分が楽しい話はあなたも楽しいでしょ！という思考になるので、相手が嫌がっていても気にせず話し続けます。また、好きなことで頭がいっぱいになり、そのことしか考えられなくなると、相手の視点に立てる子でも、一時的に、相手のことを考えずにしゃべり続ける、となってしまう場合もあります。

話をいったん区切ってみて

　子どもが一方的に話していても、家庭の中ではそれに慣れてしまって、特に気にしなくなることがあります。親御さんも忙しいと適当に相づちをうつ程度で済ませ、きちんと話を聞いていないことも。まずは、子どもが一方的に話していることに気づけるように、質問することで、話をいったん区切ってみましょう。電車の話をしているなら、その中で関連した質問を挟み込むのです。

　毎回これをするのは疲れると思います。時間と気持ちに余裕のあるときでよいので、試してみてください。これで、少しでも会話が成り立つと、親子の会話ができた！と、親自身も楽しくなってきます。

やり取りあそびから会話へ

やり取りあそびで、会話の基礎となる力を育てることもできます。次のようなあそびを親子で楽しみながら、やってみてください。

会話につながるやり取りあそび

ごっこでやり取り

お店屋さんごっこで、買い物のやり取りをしたり、駐車場ごっこで、車の出し入れのやり取りをしたり。好きなあそびから広げて。

言葉のキャッチボール

幼かったり、言葉の発達がゆっくりだったりして、言葉があまり出ていない子ども向き。質問したらボールを渡し、答えたらボールを返す……というやり取りで会話のリズムをつかむ。

インタビューごっこ

大人がおもちゃのマイクを持って簡単な質問をし、子どもが答える。聞くときはうなずきながら。慣れてきたら、役割を交代して。

やり取りあそびをするうちに、少しずつ相手の話を聞く、相手の話が終わるまで待つ、ということがわかってきます。

少しずつ会話をすることができるようになったら、会話のマナーとして、次のようなことを教えていきましょう。

- 会話の始めには「お話してもいい?」と聞く
- 相手の言ったことがわからないときには「もう一度言って」と言う
- 相づちは、「わかったよ」「お話、聞いているよ」という合図だということ

コミュニケーションの枠組みを理解できます。

「相手の視点」は、繰り返し丁寧に教えて

日ごろから、「あなたとわたしは違う人だから、好きな物も違う」という視点を教えることは大切です。「あなたはメロンが好きだけど、ママは苦手」「なぜなら違う人だから」というように繰り返し伝えるのです。「相手の視点に立ちにくい」という特性は、そう簡単に変わるものではありませんが、このように、自分と人との違いを幼児期から丁寧に教えていくことはとても重要です。

また、相手の表情に気づかないということに関しては、「相手の顔を意識して見る」表情当てクイズであそんでみるのもいいでしょう。

大人がいろいろな表情をしてみせて、「どんなお顔?」「どんな気持ち?」と聞き、子どもが当てる。慣れてくると、子どものほうから「どんなお顔?」と聞いてきたりする。

Column　相手の視点に立つとは……「心の理論」の発達

　子どもは4歳ごろを目安に、相手の視点に立って物事を考え始めるようになってきます。この発達を「心の理論」といいますが、次のような例で考えるとわかりやすいでしょう。

①女の子が部屋でボールあそびをしています。あそびに飽きた女の子は、そのボールをそばにあったかごの中にしまって外に出かけました。

②そこへ弟がやってきて、かごの中のボールを見つけます。弟はそのボールを明日、園に持って行こうと思い、自分のかばんに入れて、外にあそびに行きました。

③そこへ、外から女の子が戻ってきました。またボールであそぼうとした女の子。かごとかばん、どちらを探すでしょうか。

　この問題の答えは、「かご」です。女の子の視点に立てば、ボールが移動されたことは知らないのですから、当然です。ただ、この問題に、4歳を過ぎても正答できない子どもがいます。相手の視点に立って物事を考えられないということになります。
　自閉症スペクトラム障害のある子どもは、この発達が遅れるといわれています。人の嫌がることを言う、自分勝手に振る舞うということも、相手の視点に気づきにくいという発達の特性からくるもので、悪気なくやっている場合も多いのです。頭ごなしにしかったり、言い聞かせたりするより、具体的な言葉や振る舞い方を伝えましょう。

Case:15

人の嫌がること・傷つくことを言ってしまう

コミュニケーション

2章 こんなときどうしたら？

見知らぬ人に、「おばちゃん太ってるね」「頭に毛がないよ」などと大きな声で言ったり、
友達に「そんなことも知らないんだ。頭悪いね」と言ったりして、
相手を嫌な気持ちにさせてしまいます。
「そんなこと言われたら嫌な気持ちになるよ」と言っても、
「だって本当のことだもん」と言って、まったく通じていないようです。

115

相手の視点に立ちにくい「脳のくせ」

　P.114のコラムにもあるように、相手の視点で考えられるようになる時期には個人差があります。幼児ならこのような発言があったとしても、ある意味当たり前といえますが、小学校に入ってからも、このような姿が続くとしたら、相手の視点に立ちにくい脳のくせがあるのかもしれない、と考えます。

　この場合、いくら「その言い方は相手を傷つけるよ」と言い聞かせても、理解できません。「本当のことを言って何が悪いんだ？」となってしまうのです。「相手の身になって考えてごらん」という言葉もピンとこないでしょう。ほかの子が直感的にわかることが、理解しにくいのです。

自分の気持ちに置き換えてから説明

　この「相手の視点がわかりづらい」という特性は、そう簡単に正せるものではなく、根気よく教えていくしかありません。

　自分の気持ちのほうがまだわかりやすいので、例えば、自分が「デブ」と言われたときどう思ったか、「頭が悪い」と言われてひどく怒ったときのことを思い出したうえで、「そのときのあなたの気持ちと、同じだよ」と教えていくのです。

つきあい言葉を教えて

　相手の視点を理解できるようになるまでには、時間がかかります。それを繰り返し伝える一方で、どんな言葉がよくて、どんな言葉がよくないのか、具体的に例を挙げて教えていくとよいでしょう。相手の気持ちを教えるより、年齢相応のマナー・スキルとして具体的な振る舞い方を教えるほうが手っ取り早い、ということもあるのです。

　まず、「体や顔のこと、勉強のことは、ほめる以外は言葉にしない」と伝え、どんなにそう思ったとしても、絶対に言わないこと、と断定的に話します。そして、肯定的なほめ言葉、相手の気持ちがあったかくなる言葉を教えていきましょう。相手の気持ちに気づくのは、こうしたスキルを獲得した後でもよいと思います。

　なお、肯定的な「あったか言葉」は、親が日常的にたくさん使うよう、意識していくことも大事です。

Case:16

あそび
外出

友達とのトラブルが多い

友達の持っているおもちゃを、「貸して」と言いながら、次の瞬間には奪い取っています。
紙芝居を見ているときも、前に友達がいるのに押しのけていくため、周りからはブーイング。
今まで家にいるときは、そんなことはなかったので、
園の先生に言われて初めて知り、ショックです。

わかっているけどついやってしまう子と、わからないでやってしまう子がいます

　おもちゃの取り合いや自分の思いを押し通すなどで友達とのトラブルが絶えない……こうしたケースは、保育所や幼稚園に入って初めて気づくことも多いようです。家庭では大人がうまく譲ったり受け流したりするため、特に問題視されないからです。

　「貸して」と言ったそばから取ってしまうというのは、衝動性が高く、行動を抑えられないということが考えられます。ほかにも友達を押しのけたり、たたいたり、トラブルが起こりやすくなります。多くは、何がいけない行動かわかっているので、後から「またやっちゃった」と落ち込んだり反省したりします。

　一方、相手の視点に立てない思考のくせがトラブルの原因になることもあります。自分の視点しかないと、「お友達はいやなんだよ」「〇〇君もこのおもちゃ使いたいんだって」などと言っても、通じない、わからない、ということがあるのです。「僕はこのおもちゃを使いたい」＝「そのおもちゃを取る〇〇君はずるい」という発想です。

　中には、人とのやり取りや適切な振る舞い方を学んでいないということも。多くの子が生活経験を通して身につけていくことが、自然には身につきにくいタイプの子どもです。

クールダウンして気持ちを受け止めて

　衝動的に行動してしまった場合、いきなり頭ごなしに「取っちゃだめでしょ」「たたいたらだめ！」としかっても、興奮した状態では、あまり聞こえていないということがあるかもしれません。必要に応じて別の部屋など静かな所に移動し、クールダウンさせましょう。

　そして少し落ち着いたところで、まず、「あのおもちゃが欲しかったのね」と子どもの思いを受け止め、共感します。それにより自分の気持ちがわかってもらえたと感じると、大人の話が少しずつ入っていくようになります。

けんかにならないスキルをつけて

　気持ちを受け止めたうえで、「でも、その行動は違うよね、いけなかったよね」と伝えましょう。そして、正しい行動を教えます。子どもの理解力や気持ちの状態によっては、「どうしたらよかったのかな？」と聞いて、一緒に考えてもいいですね。

　「おもちゃを使いたかったら"貸して"って言えばいいんだよ」「相手が"いいよ"って言ってから取るんだよ」など、正しい行動を確認します。「貸して」と言うのはわかっているけど、言ったと同時に取ってしまうという場合は、「"貸して"と言うときは、手を横につけるんだよ」と教えるといいでしょう。「勝手に取っちゃだめ」と言うより、わかりやすいようです。

「相手の気持ちになって」は、わかりません

　なお、相手の視点に立ちづらい子には、「お友達も使いたかったんだよ」などと相手の視点で言い聞かせようとしないことです。まず、「○○したかったんだね」と本人の気持ちを受け止めたうえで、「それは（○○したかったのは）相手も同じ」と伝えていくのです。

　相手の視点というのは、そう簡単に理解できるものではなく、教えるのは根気のいることですが、ゆっくりでも必ず身についていくので、あきらめずに繰り返し伝えていってください。

Case:17
順番・ルールが守れない、負けることが許せない

あそび / 外出

2章 こんなときどうしたら？

滑り台やブランコの順番待ちの列に割り込んで、友達とトラブルになってしまいます。
「割り込んじゃだめでしょ」と言い聞かせても、「割り込んでないもん!」と主張します。
トランプやかるたなども、ルールを無視したり、自分が負けそうになると
怒ってカードをぐちゃぐちゃにしたりするので、なかなか楽しくあそべません。

視野が狭い、柔軟性がない……という脳のくせがあります

　順番が守れない場合、衝動性に加えて、「シングルフォーカス」といって興味のあることに焦点を絞ってとらえる傾向があると考えられます。中枢神経の働きにかかわることですが、「木を見て森を見ず」という状態ですね。滑り台が目に入り「あ、やりたい！」と思ったとたん突進してしまう。滑り台しか見ていないので周りの並んでいる子は目に入っていません。「割り込んでないもん！」という主張は、本人にとって決してうそではないのです。

　ルールが守れないという場合、ルール自体を理解できていないことも考えられます。また、負けることが許せないという子どもは、こだわりが強く、物事を柔軟に考えられない傾向があることも。負けや失敗を、取り返しのつかないこと、「この世の終わり」のように考えてしまう子どもがいて、それは想像以上のつらさ。「頭がおかしくなるくらい苦しいんだ！」と話す子もいます。

一瞬止まって、気づけるように

　並んでいる子が見えていないということなら、いきなり「割り込んじゃだめ」と否定するのではなく、まずは「滑り台がやりたかったのね」と、本人の気持ちを肯定的に受け止めましょう。そして気持ちが落ち着いたところで、「だれが滑り台をしていた？」「並んでいたのは何人くらい？」など、その場の状況を振り返れるように聞いてみるのです。すると、あ、そうか、と気づくことも多いようです。とはいえ、それで次から行動が改まるとは限りません。衝動的に動いてしまうその前に「並ぼうね」「順番ね」と声をかけ、気づかせることも大切です。わざと割り込んでいるわけではないので、「列に並んでいる」状況がわかれば、待つこともできます。

「順番」「並ぶ」を、客観的に教えて

　そもそも、「順番」「列に並ぶ」とは何かを教えることも大切です。バスや買い物のレジの順番を待っているとき、「○○ちゃんは○番目だね」などと声をかけて、この世の中には「順番」というものがあり、それは守らなくてはいけないと教えていくのです。ただ、その場合、数の概念の理解度を知ったうえで。例えば、3までしかわからない子が10人目に並んで待つのは発達として難しい……ということです。

　こうして、待ったり並んだりできたときには、しっかりほめていきましょう。失敗しながらも、何回かに1回は気づいて待つことができる経験を繰り返すうちに、少しずつ身についていきます。ただ、長い順番待ちは我慢できない場合が多いでしょう。病院や遊園地など、あらかじめ待つことが予測できるなら、待つ間にできるあそびを用意しておくことも必要です。そして、あそびながらでも待てたことをほめていきます。

悔しい気持ちは共感し、気持ちの切り替えを

　あそびのルールも、大人と1対1で教えましょう。鬼ごっこなど、自分が動いてしまうと理解しづらいこともあります。絵をかいて説明したり、友達がやるのを離れて見たり、客観的に動きを見ることで理解しやすくなることがあります。

　なお、負けることが我慢できず、ゲームをぐちゃぐちゃにしてしまう子どもも、その後で、「なんてことをしてしまったんだ！」と思います。どうしてこういうふうにしか考えられないのかと困っているのです。そこで、気持ちを楽にできるお手伝いをしましょう。意外と有効なのがおまじない言葉です。「失敗は成功のもと」「負けるが勝ち」「七転び八起き」といった言葉を教えて、負けたとき、失敗したときにその言葉を唱えるようにするのです。

　負けて悔しいという気持ちは否定しません。ゲームは勝つこともあるけど、負けることもある。勝ったらうれしいけど、負けたら悔しい。という思いは共感します。大人が一緒にゲームをして、負けたときに「あー、負けちゃった。悔しい〜」と思い切り悔しい気持ちを表して、その後で「でも、また次があるし！」と立ち直る姿を見せていきましょう。そうやって、気持ちの切り替え方を客観的に見せていくことも大事です。

Case:18
集団場面が苦手、行事に参加できない

あそび
外出

園での集団活動が苦手です。
毎週あるホールでの集会は、担任の先生が上手に誘ってくれるので、
なんとか参加できるのですが、自分から進んで行くことはありません。
運動会や遠足などの行事も苦手で、運動会は途中で抜け出し、
遠足のときは、朝から大泣きで大変でした。
もうすぐ小学校の入学式。ちゃんと参加できるのか、今から不安です。

それはなぜ？

いつもと違う場所、活動が不安でたまりません

　園や学校での集団場面が苦手という場合、大勢の人が目に入ってくる刺激が耐えられない、ざわざわした騒音が嫌という感覚過敏が考えられます。

　また、自分の思うようにできないのが嫌、ある程度周りに合わせることを要求されると、それが嫌、ということもあります。多動や不注意から、先生の話を落ち着いて聞いていられない、じっとしていられずその場から離れてしまう、ということも考えられるでしょう。

　行事の場合は、これらに加えて、非日常が苦手ということが大きくかかわります。いつもと違う、イレギュラーなこと、見通しのもてないことは、不安で仕方がないのです。

どうしたらいい？

どこで、何をするか見通しを立てて

　行事は子どもにとって新しい体験。非日常の出来事です。どこで何が行われるのか、見通しをもたせることで、安心できるようにしましょう。

　特別支援に理解のある園や学校の場合、行事のときに不安になる子どもの特性やその際の対応についてノウハウをもっていることがあります。担任の先生に相談してみましょう。

　あまり理解を得られないようなら、家族でできる限りの対応を考えます。当日の予定を聞き、何時にどこに行って何をするのか、時間を追って説明します。写真や絵を使いながらできるだけ具体的に伝えると安心できます。もし、前年度のビデオや写真があれば、それを見ながらイメージをつけるのもいいでしょう。ただ、前年度に経験していたとしても、子どもにとってはまったく別の出来事。去年の遠足も今年の遠足も、同じ遠足と思っても、説明を省略しないようにしましょう。

行事への不安をなくすために

遠足・お泊まり保育など園外行事では

行程や活動の予定を時系列で示して、マイしおりを作っておく。担任の先生に、道中や現地の写真をもらえたら、それも加えると、より見通しがもてる。
※あらかじめ、不安になりそうな場面が予想できたら、引率の先生に伝えておく。

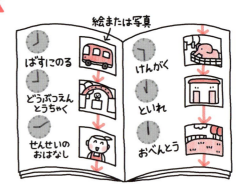

運動会・発表会では

その場にいられなくなったときのため、テントや段ボールで作ったおうちなど、避難場所を作っておく。基本、そこが居場所になることも。

園・学校からもらうプログラムに追加する形で。参加する種目・演目に線を引いたりマークをしておく。前の子のいすの後ろなど、見やすい所にはっておく。

入園式・入学式では

園や学校に事情を伝え、事前に式の行われるホールや体育館に入らせてもらう。担当の先生の配慮で、プレ入園式・入学式をやってもらえることも。

無理のない参加の仕方を工夫して

具体的に、行事の内容で嫌がっている場合は、子どもの心を肯定的に受け止めたうえで、解決策を考えていきましょう。運動やダンスが苦手でやりたくない、という場合は、一緒に練習して、うまくできるコツを教えてみましょう。担任の先生と相談して、興味があってやる気になっているところだけ、部分的に参加するのもいいですね。

中には、担任の先生に「おうちの人も見に来るから頑張ろうね」と言われたことがプレッシャーになっている子もいます。「頑張っている姿を見るのは楽しみ」という期待感と併せて「失敗しても大丈夫だよ」と伝えましょう。

決めポーズだけ合わせるようにすると、周りとそろっているように見える。

なお、行事はこの先何度もあるものだから、不安が強すぎる場合は、その日はお休みするという考え方もあります。発達とともに、自分から「参加してみる」という気になることも多くあります。それまで待ってみよう、という気持ちも大切です。

園や学校と十分に相談を

行事特有の音や場所への不安がある場合は、その苦手なものを避ける工夫を考えましょう。園や学校の先生と相談しながら、運動会でピストルの合図を先生の声にしてもらったり、大きな曲がかかる間は別室で過ごすようにしたり、できる範囲での調整を考えます。入園式の際、すぐ後ろに保護者が座るスタイルにしてもらい、落ち着いて参加できたという子もいます。

ただ、園や学校側の事情として、どうしても譲れないこともあり、こちらの要求がすべて通るとは限りません。そのことは理解して、あまり無理強いをしないようにしましょう。

Case:19
体の動きがぎごちない、運動あそびが苦手

あそび
外出

運動全般が苦手で、外あそびは大嫌い。動き自体にもぎごちなさを感じます。
ドアをバタンと閉めたり、ドタドタ音を立てて歩いたり、動作が乱暴。
また、友達を呼ぶのにすごい力を入れて肩をたたいたり、
手を痛いほど強く握ったりして、嫌がられることがあります。
リュックを背負っているのを忘れて周りの人にぶつかったり、
人の足を踏んでいるのに気づかないということも……。

自分の体なのに思うように動かせません

　運動が苦手な要因にボディイメージのもちにくさがあります。ボディイメージとは、自分の体の輪郭や位置、力の入れ具合などを実感すること。これがうまく働かないと、思うように動きをコントロールできなくなってしまうのです。

　もう少し細かく見ると、動きのぎごちなさは、筋肉や関節に感じる固有覚の鈍感さが考えられます。手や足の力の入れ具合や角度をどのくらいに保つのかがわからないので、ゆっくり、そっと、が実感できず、動作が乱暴になってしまうのです。また、あちこちぶつかる、人の足を踏んでいるのに気づかないというのは、見えない部分は存在しないものととらえる想像することの苦手さと、感覚の鈍感さがあります。ブランコやプールで浮くのを怖がるのには、揺れを感じ取って自然に頭の位置や体の傾きを調整する前庭覚が関係します。ここがうまく働かないと、不安定な体勢は怖くて仕方がないのです。

　動きの手順がつかみにくいということもあります。例えば跳び箱の場合、「走って」「踏み切って」「手を付いて」「跳ぶ」という一連の動作がつながらないため、タイミングが合わない。これはボール投げやなわとびなどにもかかわります。

鏡を見て、自分の体を意識して

　ボディイメージは、生活動作の中で意識することで、少しずつはぐくむことができます。例えばお風呂で体を洗うとき、髪をとかすときなど、鏡を見ながら行うことで、見えない部分への意識が向くようになります。リュックも背負った状態を鏡で見ると、背中からこのくらい幅をとっているということがわかるでしょう。写真を撮って見せてもいいですね。

力の緩める方法を練習

　乱暴な動作の多くは力の入れすぎです。力を緩める練習として、紙風船を下からたたいて飛ばしてみましょう。たたくのに慣れたらキャッチボールも。力を入れるとつぶれてしまうので、力加減を意識するようになります。
　これができるようになり、力を抜く感覚がわかったら、ドアを閉めるとき、物を置くときは「風船をつかむ力で」と伝えるといいでしょう。
　このほか、感覚の鈍感な場合には、P.136で紹介している運動を試してみるのもいいですね。

全身を使ってあそぶことがいちばん

　感覚の偏りやボディイメージのもちにくさを改善したいとき、いちばん大切なのは、全身を使ってあそぶこと。いろいろなあそびで偏りなく全身を動かしていくことが、運動機能の発達につながるのです。
　ただ、苦手意識が強く、運動をすること自体、嫌になっているケースもあります。その場合は、「できた・できない」が明確になるものではなく、親子で楽しくできるふれあいあそびから始めてみるといいでしょう（P.134参照）。
　また、家庭でのお手伝いの中にもボディイメージ作りにつながるものがたくさんあります。お手伝いなら運動のイメージはないので、運動への苦手意識がある子どもにはよいかもしれません。

自尊心の上がる言葉をかけて

　運動への苦手意識が、自尊心の低下につながることがあります。特に小学生のころは、勉強より運動のほうが、優先順位が高い傾向があり、運動ができないことを、ものすごくマイナスにとらえてしまうのです。
　幼いうちなら、部分的にうまくいっていることを見つけてほめていきましょう。走るスピードが遅くても、腕に力が入っていてよかったとか、ダンスのときの決めのポーズがカッコよかったとか、具体的によいところを伝えると、それが自信とな

り、意欲につながります。

　ただそれも、4、5歳まで。園の年長さんあたりから、周囲と比較して、「みんなよりできない」という気持ちになりがちです。できていることをほめても自尊心は上がりにくいのです。このころから、「運動は苦手だけど、違うところで得意があるよ」というメッセージの送り方が大切になってきます。「○○はできるから、苦手があっても大丈夫」という方向です。できないことをできるようにすることばかりに終始すると、親子ともども苦しいので、ここはあきらめよう……なんとかなるさというおおらかさも、ときに必要です。

お手伝いでボディイメージ作り

掃き掃除
ミニほうきとちり取りを使えば、両手の協応動作（2つの動作を同時に行う）に。

ぞうきんがけや窓ふき
テーブルや窓ガラスを上下左右にふくことで、力の入れ方、ひじの曲げ伸ばし加減を調整。また、手の動きを目で追うことで見る力も育つ。

洗濯物を干す、取り込む
自分の背よりやや高い位置に手を伸ばすという腕の動作と、洗濯ばさみを扱う手先の動作。

物を運ぶ
新聞紙の束やかごに入ったおもちゃなどを両手で持って運ぶことで、腕やひじの力の入れ具合や角度を調整。体の中心を感じながらバランスを保って歩く。

植木の水やり
水を入れたジョウロや容器をこぼさないように運び、水の出方を調整しながら水やりをする。

お風呂掃除
浴槽や洗い場のタイルを磨くのは全身運動。

Case:20
不器用で製作など手先の作業が苦手

あそび
外出

手先が不器用で、園では製作活動がとっても苦手です。
作品展で、ほかの子と並んだわが子の作品を見て、ちょっとショックを受けてしまいました。
着替えや食事などで手先を使う場面でも、うまくいかず、イライラしています。
今のところやる気はあるのですが、気持ちに見合った成果が出なくて、かわいそうです。

感覚の鈍さが主な要因です

　製作など手先の作業には、いくつかの動作を同時に行う「協調運動」が多くあります。これがうまくいかないと、目で線を追いながら手に持ったはさみで切る、左手で紙を持ち右手ではさみを持って切る、ということがスムーズにできません。

　また、感覚としては固有覚の育ちが重要。つまんだり、引っ張ったり、はさみを動かしたり、手指の適度な力加減には固有覚が使われるのです。絵や字をかくときも同様。力任せにかいたら、紙が破れてしまうこともあります。就学後も、ノートに字を書いては鉛筆のしんが折れ、消しゴムで消しては紙が切れ……という状態になってしまう子も少なくありません。

　そのほか、触覚の鈍さも考えられます。指先の触覚が鈍感だと、折り紙など、紙の端を合わせて折るといった作業は難しくなります。

つらさを理解し、感覚を刺激するあそびを

　手先が不器用だと、製作だけでなく、着替えや食事など生活習慣においてもなかなかうまくいかないことが多くなります。子ども自身、すごく頑張っているにもかかわらず、「もっと注意して」「丁寧に」などと言われると、どうして自分だけできないんだろうと自信をなくし、意欲も下がってしまいます。周囲の大人が、本人のつらさを理解してかかわることが大切です。

　感覚が鈍いとどうなるか……なかなか実感できませんね。例えば、スキー用の手袋をして折り紙を折ってみてください。上手にできるでしょうか。また、そのときに、「もっと丁寧に」「早くやりなさい」などと言われたらどうでしょう。感覚が鈍い子どもが細かい作業を行うのがどれだけ大変で、やっているときに叱咤激励されるとどんな気持ちか、少しはわかると思います。

　手先の操作性を高めるには、感覚機能を育てることが大切です。手の指に限らず、いろいろな感覚を刺激するあそびを行ってみましょう（P.134〜137参照）。

「自分の体」への意識が高まる　感覚・運動あそび

自分の体・感覚を意識するあそびを紹介します。全身を動かす大きい運動から、手先を使う細かい運動まで。家庭で気軽に楽しめるものばかりです。

〈大きい運動〉全身の動きを育てる

親子で

● ペンギン歩き
子どもを大人の足の甲に乗せ、前後、左右に歩く。

● スイングターン
両手をつないだまま、歌やリズムに合わせて背中合わせになるように体をひねったり戻ったりする。

● トンパージャンプ
大人が足を伸ばして座り、子どもはその足をまたいで立ち、手をつなぐ。1、2のテンポで大人が足を開いて閉じ、それに合わせて子どもはトン・パーと足を閉じて開いてジャンプ。

● 押し相撲
親子で向き合って立つ（大人はひざ立ちでも）。
両てのひらで押し合い。バランスを取って倒れないように踏ん張る。

1人で

● エレベーター体操

背中を壁に付けた状態でゆっくりしゃがみ、空気いすの状態で10秒ストップ。またゆっくり上がる。エレベーターのように上下の動きを繰り返す。

● リュックでお散歩

リュックを背負ってあちらこちらと歩き回る。動きながら体の中心を意識できる。

● お布団ゴロゴロ

寝る前に布団の上で前転や横転、最後にポーズ。

遊具を使って

● フラフープで

ケンパ跳びや反復横跳び。

● バランスボールで

座って揺れたり弾んだり。体に押し当て、感覚を刺激するのも楽しい。

※そのほか、1人用トランポリン、缶ぽっくり、輪投げ、風船バレーなども。

〈細かい運動〉手先の動きを育てる

マッサージ、リラクゼーション

● てのひら

子どものてのひらを大人の両手で包むようにし、左右の親指でてのひらが伸びるよう左右・上下にマッサージ。
※マッサージの後、手をグーにしてもらう。このとき親指が外側になるように（親指が硬く、内側に入ってしまうようだと、指がうまく使えない）。

● 手首

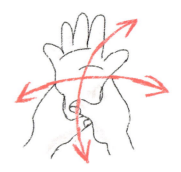

大人の両手で輪っかを作って子どもの手首を持ち、手首を左右・前後に動かす。子どもの表情を見て、楽しそうだったら、ぐるぐる回転させても。

生活の中で

● サポーターを付ける

絵や文字をかくとき、はさみで切るなど手先を使うとき、手首や関節にサポーターを巻くことで、刺激が入り、感覚機能が高まる。

● ハンドグリップ

てのひらが刺激され、マッサージをしているのと同じような効果が。

家族や友達と

- あっち向いてホイ
- 手あそび（アルプス一万尺、ずいずいずっころばしなど）
- 後出しじゃんけん
- 指相撲
- トランプ　など

2章　こんなときどうしたら？

1人で

- 貯金箱あそび

おもちゃのコインをつまんで穴に入れる。

- ひも通し

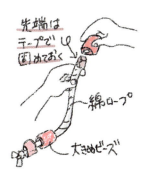

綿ロープにビーズを通す（ビーズは大きめの物から始める）。

- アイロンビーズ（指でもピンセットでも）

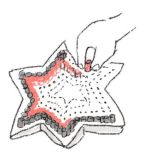

図案に合わせてビーズをはめ込む。

※そのほか、塗り絵、粘土あそび、ブロック、指編み、こん包用のプチプチつぶし、シールはり、お手玉、あやとり、おはじき、けん玉、ドミノ、折り紙　など。
※P.69で紹介した触覚を育てるあそびも、手先の動きを育てる目的として、適したあそびです。

Case:21
予定の変更が許せず、パニックになる

あそび
外出

いつも通る道が工事中だったので、別の道から行こうとしたら大騒ぎでパニックに。
いつもと違うことが許せず、毎日園の帰りに寄るスーパーがお休みのときは、
シャッターをたたいて泣いていました。
物の置き場所や並び順にもこだわりがあり、掃除するので大好きな人形を
別の場所に移動したら、ものすごい勢いで怒っていました。

それはなぜ？

気持ちを切り替えにくい脳のくせがあります

　予定の変更が受け入れられない子どもは、柔軟に考えるのが苦手で、気持ちを切り替えにくい脳のくせがあると考えられます。

　本人の中では、こう、と決めた予定があって、その通りにいかないことが、どうしても許せないのです。また、予定を変更することで、見通しが立たない、これから何が起こるのかわからない状況がとても不安で、「こういうことかな？」と想像するのも苦手なので、不安は高まる一方。強い恐怖でパニックに陥ってしまうこともあります。

　気持ちを切り替えるのが苦手なので、一度パニックになるとなかなか落ち着くことができません。安心させようと思って言い聞かせたりすると、それがまた刺激になって、不安が高まってしまうこともあります。

どうしたらいい？

まずは気持ちを落ち着かせること

　一度パニックになってしまったら、落ち着くまでは何を言っても頭に入りません。周りの安全を確保したうえで、子どもから少し離れ、静かになるのを待ちましょう。おうちの中であれば、「クールダウン」のスペースを作っておいて、もやもやしたときには、そこに入る、というようにしておくといいでしょう。どんなスペースがいいかは、その子によって違います。子どもと一緒に相談してスペース作りをするといいでしょう。

　なお、外出先でパニックになることもあるので、どこにいてもクールダウンできる方法を考えておきましょう。例えば、大きめの布を常に持参して、すっぽりかぶるだけで落ち着ける、ということもあります。これも子どもと相談して決めていくといいですね。

クールダウンスペースを子どもと一緒に考える。

2章　こんなときどうしたら？

「本人の予定」を受け止めたうえで「変更」をお願い

　落ち着いたところで、まず本人の中にある「予定」を確認し受け止めましょう。その「予定」は、その子にとって気持ちが安定する大切な予定であり、決められたパターン。それを軽く考えて、簡単に変更してしまわないことです。そのうえで、「いつもはこうだけど、今日はこう」というように「変更」を強調して知らせます。その際、言葉だけでなく、絵をかいて、どこが（何が）変わったかをわかりやすく伝えるといいでしょう。もし、その変更が一時的なことなら、元に戻すということも伝えておきます。

　子どもは、自分の「こだわり」をわかってもらえた、と実感できると、その人の言うことならと、少しずつ許せるようにもなってきます。そして、納得して譲ることができた場合は、「わかってくれてありがとう」と伝えましょう。

予定の変更を書いて伝える。　　　　　道の変更と元に戻る見通しを伝える。

Column　パニックとは

　発達障害のある子どもはパニックを起こしやすいといわれています。特に自閉症スペクトラム障害のある場合、不安や緊張をもちやすく、気持ちを切り替えにくいという特性があるため、パニックを起こしやすく、一度起こすと、なかなか立ち直りにくい傾向があります。すぐかんしゃくを起こす「わがままな子」ととらえられることもありますが、本人は、とてつもなく不安でつらいのだと理解してほしいと思います。

　中には、頭を壁に打ちつけたり、体をたたいたりかんだりして、自分を傷つける子どももいて、さらに止めに入った人に暴力をふるい、傷つけてしまうこともあるので注意が必要です。

　パニックは、なんらかの要因で、不安や緊張が高まって抑えきれなくなったときに現れますが、その直接的な要因（スイッチ）はさまざま。Case21の予定の変更のほか、次のようなことがきっかけになります。

● 思い通りにならない
● 感覚過敏（嫌な感覚＝触覚・視覚・聴覚などに触れたとき）
● 強い不安や恐怖、フラッシュバック※

※過去の嫌な体験が、何かのきっかけで鮮明によみがえること。発達障害のある人はフラッシュバックを起こしやすいといわれる。

　いずれにしても、まずは、パニックが起こらないよう予防することが大切。その子のスイッチが何かを知ったうえで、その要因を取り除いたり避けたりする方法を考えていきましょう。

　なお、パニックが起きてしまった場合は、「落ち着くまで見守る」のが基本的な対応ですが、外出先で子どもがパニックになると、周りの目が気になって必死に声をかけたり、抱きかかえてその場から連れ出したり、かえって刺激を与えるような対応をしてしまうこともあります。でも、それはある意味仕方のないこと。「間違った対応をしてしまった」と、自分を責めることのないようにしてください。

Case:22

あそび
外出

公共の場で騒ぐ、よく迷子になる

デパートや遊園地などに出かけると、決まって落ち着かなくなり、
あちらこちら動き回って大変です。
映画館や劇場など、静かにしてほしいときに、大声で叫ぶことも。
ちょっと目を離すとどこかに行ってしまい、
しょっちゅう迷子になります。

動きたい衝動を抑えられないか、不安の表れ

　外出先というのは、多くが子どもにとって慣れない場所。多動だったり、周りの刺激に過敏だったりすると、落ち着きを保てず、なかなかじっとしてはいられなくなります。また、感覚が鈍感な場合も、足りない感覚を入れようと、刺激を求めて動いたり、大きな声を出したりということがあります。

　ほかに、そのお出かけ自体が不安になっている可能性もあります。なぜ自分はこの場にいるのか、この後どこに行くのか、ということがわかっていないと、見通しがもてなくて不安になるのです。いずれにしても、その子なりに、動いたり声を出したりすることで、脳内のバランスをとろうと頑張っているのだと考えられます。

　また、出かけるたびに迷子になる子どもがいます。あちらこちらに注意が向いて、気づいたら親から離れていたということがあります。人とのかかわりが希薄な子どもの場合、親とはぐれても本人にはそのつもりがないので、泣いたり騒いだりせず、周囲も迷子と気づきません。さんざん探し回ってやっと見つけたとしても、子ども本人はけろっとしていた、ということもあります。

不安になる要素はなるべく取り除いて

　まずは、子どもがなぜ落ち着かない状態になっているのかを把握し、それに合わせて対応していきましょう。

　もし、周囲の騒音や人ごみが聴覚、視覚の刺激になっているのなら、その嫌がる刺激のある場所から離れる、それが無理なら、耳当てをしたり、目をつぶったりして、その場にいる間だけ刺激が入らないような工夫をしましょう。視覚や聴覚が遮断されることでいくらか落ち着きます。

　経験を重ねるうち、「ここに行

くと嫌な〇〇があるから、こうしよう」というように、事前に対応策を準備することもできます。

　また好きなことで周囲への注意を向きにくくするというのもいいでしょう。例えば、移動の際は好きな曲をヘッドホンで聞いたり、親子でしりとりやなぞなぞをしたり。子どもの好きな物を出かける前に準備しておくと安心です。

　ただ、人ごみが多く、見通しの悪いショッピングモールや催事場など、子どもにとってつらい刺激が多い場所へのお出かけは、親にとってもいつどうなるかという不安でストレスがたまります。行かないで済む方法を考えることも大切です。

「どうしても動きたい！」という場合は

　どうしても動きたくなってしまう場合は、鈍い感覚を補うために刺激を取り入れているということが考えられるので、可能であれば、しばらく思いのまま体を動かせるようにしてみましょう。実際に走り回らなくても、マッサージをしたり、指相撲をしたりして、筋肉や関節に刺激を入れるだけでよい場合もあります。手をつないでいるなら、手をギュッギュッと強めに握ってみるのもいいでしょう。

　そうして感覚欲求が満たされると、動きたい欲求も少し抑えられてきます。

指相撲やマッサージで、筋肉や関節に刺激を入れる。

事前に予定と約束の確認

　見通しがもてなくて騒いでしまう、という場合は、出かける前に、その日の予定を丁寧に教えましょう。初めての場所で言葉だけだとイメージがしづらい場合は、写真を見せるなど、どうやったらわかるかを考え、伝え方を工夫しましょう。Case18の行事の予定を知らせる方法と似ています。

　また、次のような「お出かけのルール」を教えておくことも大切です。
- 手をつないで歩く
- 親から離れない
- 行きたい所があったら言う（言わずに行くのは×）
- 嫌な気持ちになったら知らせる　など

しからずに、不安な気持ちを受け止めて

　なお、これらの対応をしたとしても、落ち着いた行動がとれるようになるまでには、時間がかかります。何かの刺激で突然走り出したり、迷子になったりすることがあるかもしれません。そのときは、しからずに、安全を確保して、気持ちを受け止めましょう。

　特に、迷子でしばらく親と離れていた子どもの場合、不安があります。まずは優しく受け止めて、無事でよかったという思いを言葉で伝えます。そして気持ちが落ち着いたところで、事前に約束した「お出かけのルール」を確認しましょう。

Case:23

あそび
外出

音に敏感すぎる、騒音の多い所が苦手

ざわざわした騒音のほか救急車や消防車のサイレンが苦手で、
聞こえてくると、その場に座り込んで耳をふさいでいます。
赤ちゃんの泣き声がだめなこともあり、友達の赤ちゃんがあそびにきたとき、
泣き出したとたん、口を押さえつけてしまい……。
ますます大声で泣き叫ぶ赤ちゃんにパニックになってしまいました。

とてつもなく大きい音、危険なもの、と感じてしまいます

　特定の音をひどく嫌がるというのは、P.42で解説した感覚過敏の1つ、聴覚過敏があることが考えられます。聞き慣れない音、大きな音、突然聞こえてくる音は危険なものと判断し、敏感に反応してしまうのです。徐々に識別する力が発達してくると、「これは赤ちゃんの泣き声だから」「救急車のサイレンだから」と判断し、危険なものでないと考えられるようになるのですが、この識別する力が発達しないと、いつまでも「ダメ」と判断して大騒ぎになってしまいます。

　また、わたしたちには小さな音でも、本人にはとてつもなく大きな音に聞こえていることがあり、苦手な音を聞き続けるというのは大変なつらいこと。触覚過敏と同様、我慢させる、慣れさせるのは適切な対応ではありません。

　子どもは言葉でうまく説明できないので、その苦手な音が聞こえると、耳をふさいで動けなくなったり、大声で叫んだりしてパニックになってしまうこともあります。突然走って外に飛び出したり、赤ちゃんをたたいてしまったり、衝動的な行動に出ることもあるので、注意が必要です。

　なお、聴覚過敏の場合、次のような音を嫌がる傾向があります。
- 風船の割れる音、打ち上げ花火などの破裂音
- 掃除機、ドライヤー、エアタオルなどの機械音
- ホールや映画館、体育館などのざわめきや反響音
- 赤ちゃんの泣き声、救急車のサイレンなど甲高い音

どの音を嫌がっているのかを知ることから

　子どもは「〇〇の音が嫌」とわかりやすく伝えてはくれません。突然耳をふさいだり、泣いたり……そんな子どものようすから、周りの大人が何を嫌がっているのかを知ること、それがまず必要です。そして「〇〇の音が嫌なのね」と気持ちを受け止めましょう。わかってもらえたと思うだけで、本人の気持ちはずいぶん楽になります。

　そのうえで、対応としては、その音を鳴らさない、近づかない、ということを心がけ、極力、その音を聞かなくて済むようにしましょう。もし、どうしても避けら

れない場合は、耳栓や耳当てなどを用意して、音を遮るようにします。ただ、これらは必要な音も遮断してしまい危険なこともあるので、聞こえなくても大丈夫な環境でのみ使うようにしましょう。

　また、気持ちが落ち着いているときに、「救急車のサイレンの音だから」「赤ちゃんが泣いているね」と、その音が危険なものではなく、心配しなくても大丈夫ということを伝えるといいでしょう。そういう意識で聞くことで、識別する力が育ち、少しずつ大丈夫になることも考えられます。

園や学校の先生と対応を相談して

　家族と一緒の場合は、ある程度苦手な音を避けるようにできますが、園や学校では、なかなかそうもいかないでしょう。特に、行事や集団活動などでは、苦手な音に遭遇する可能性も高くなります。あらかじめ担任の先生に、どんな音が苦手かを伝えておき、対応についても話し合っておくといいでしょう。

　相談をしたことで、運動会の笛や音楽を必要最低限に抑えてもらったり、乳児クラスとの交流の時間は、赤ちゃんの泣き声を聞かないよう別室で過ごすようにしたり、個別の対応をお願いできるようになったケースもあります。

　避難訓練の警報や運動会のダンス曲など、どうしても避けられない場合は、前もって本人に知らせてもらうようにしましょう。心の準備ができると、いくらか楽になります。

自分から音を出すことで、大丈夫になることも

　触覚過敏が自分から触れる分には大丈夫なことがあるというのと同じで、聴覚過敏も、自分で音を出すなら大丈夫ということもあります。

　CDの音楽などを嫌がる場合は、スイッチを自分で押して音を鳴らす練習をしてみましょう。小さい音から始めて、少しずつボリュームを上げていきます。自分で意識して聴覚を使う、ということで、拒絶反応は現れず、繰り返すうちに、大丈夫になるということもあります。

Case:24
落ち着きがなく、授業に集中できない

学習

2章 こんなときどうしたら？

授業中、あちらこちらに気が向いてしまい、周りの友達に話しかけ、
立ち歩いて遠くの席の友達と話していることもあります。
注意すると自分の席に戻るのですが、またおしゃべりを始めたり、いすをガタガタさせたり……。
日によっては、ぼーっとして、声をかけても反応しないということもあります。

脳の目覚め方をうまく調整できないことが考えられます

　状況に合わせて落ち着いたり、集中したりができないという場合、脳の中での覚醒レベル（P.78参照）の調整がうまくいっていないことが考えられます。

　単調な勉強が続くと覚醒レベルが落ちて、ボーッとしてしまい、作業や友達とのやり取りが多い授業だと覚醒レベルが上がって、興奮状態に。そうなると、おしゃべりが止まらなかったり、立ち歩いたり、周りの刺激にいちいち反応したり……ということになってしまい、いずれにしても、授業に集中できない状況になります。

　また、机をガタガタさせたり、体を揺らしたり、常にどこかが動いているという場合は、体の内的な感覚が鈍感なため、足りない感覚を入れている＝動いてしまう、ということも考えられます。おしゃべりや動き回る子どもの場合は、周りの友達への影響もあるので、通常の学級での授業は難しいと言われてしまうこともあります。

刺激を減らす環境の工夫

　先生と相談して、授業に集中しやすくなる工夫を考えられるといいでしょう。

　まずは、刺激を減らすということ。音や視覚的な刺激が入りやすい窓際や廊下側の席は避ける、黒板横など前面の掲示物を少なくする、友達が視界に入らないように最前列にする、などです。

　また、いすや机の脚にテニスボールなどを付けて音を抑えるという方法もあります。気が散らないということだけでなく、感覚過敏があり、机やいすを引きずる音が嫌でたまらないという子どもにも効果的。特別支援学校では感覚過敏の子どもが多いので、最初から全員分の机といすにテニスボールが付いているクラスも多くあります。通常の学級では難しいかもしれませんが、できる範囲でということを前提に提案してみるのもいいでしょう。

授業中に体を動かす工夫を

　何分くらい経つと集中が難しくなるのかを把握することも必要です。そして、集中が切れるころ、先生から用事をお願いしてもらう、答え合わせで先生の机まで行くなど、授業の流れを崩さない範囲で、体を動かせる工夫をお願いしてみます。

　低学年のクラスには、45分の授業時間、集中が続かない子どもは大勢います。そのため授業の中盤に、首を回したり肩を上下させたり、簡単なエクササイズを取り入れている所もあります。ちょっと体を動かすだけで気分転換にもなり、その後の集中がよくなるという成果も出ています。落ち着きのなさが目立つ子1人のためではなく、クラス全員に適した対応として理解してもらえるとよいですね。

セルフコントロールの方法を教えて

　子どもによっては、「今、興奮している」「動きたくてむずむずしている」ということが、なんとなくわかるようになることがあります。事前に先生に相談しておき、本人からの申告で廊下を歩いたりトイレに行ったり、許容範囲内で体を動かせるようにできるといいですね。また、自分でできる対処法を教えておくのもいいでしょう。

　例えば、ハンカチに好きな香りのアロマをしみ込ませておき、興奮してきたと感じたときにそのハンカチのにおいをかいで落ち着かせる、動きたくてむずむずしてきたら、体を押したりたたいたりして刺激を入れる。こうした工夫で動きたい欲求が抑えられることもあります。

手や腕をギュッギュと握る。

肩やひざを軽くたたく。

頭を指でマッサージする。

2章　こんなときどうしたら？

Case:25

学習

文章を読むことが難しい

文章を音読するのが苦手です。50音はだいたい理解しているようですが、文章になると、1文字ずつたどたどしい読み方になります。行を飛ばして読んだり、同じ行を何度も読んだりすることもあります。

それはなぜ？

見る力と、文節をとらえる力のつまずきがあります

　読むことが苦手という場合、眼球運動（黒目の動き）が関係していることがあります。ここがうまく働かないと、物をゆっくり目で追ったり、動く物をとらえたりということが難しくなります。文章を目で追うのが難しいため、文字や行を飛ばして読んだり、視線がぶれて文字や形をうまくとらえることができなかったりするのです。この機能は、文章を読むときだけでなく、はさみで形を切ったり、物を探したり、ボールを追いかけたりするときにも使われます。

　また、同じ眼球運動でも、両目をチームワークよく動かすことができるかということも大切。これは物を見たときにピントを合わせる働きで、寄り目ができるかどうかが1つのポイント。ここがうまく働かないと、文字1つ1つをとらえるのが難しくなります。

　そのほか、文節ごとにまとめてとらえるのが難しいということも。「う」「さ」「ぎ」と1文字ずつ読むことができても、それを動物の「うさぎ」として理解しているわけではないので、たどたどしい読み方になってしまいます。

　なお、好きな絵本はすらすら読めるのに、教科書だととたんに読めなくなるという子どもがいます。この場合、目で文字を追っているのではなく、耳で聞いた文章を記憶して再現しているということが考えられます。記憶力が優れているととらえる一方で、見る力を育てていくことも大切です。

どうしたらいい？

1文字、1行を見やすくする工夫

　うまく読めないのは、本人の努力不足ではありません。まずはそのことを理解し、できないことを責めずに、読みやすくなる工夫を考えましょう。

　飛ばし読みが多い場合、指で文字を追ったり、定規を当てたりするだけで、読めるようになることがあります。定規だと適当な位置に合わせるのが難しいという場

合は、1行だけ見える窓付きシートを作って、それを教科書や本の上に当てて読むようにするといいでしょう。教科書に合わせて、横書き用・縦書き用や文字の大きさによりいろいろな幅の物を作っておくと便利です。

読みやすくなる工夫

　1文字ずつたどたどしい読み方をするという場合は、教科書の文章を文節ごとにマーカーで区切りを入れておくといいでしょう。言葉のまとまりを意識しやすくなります。子どもの前で実際に音読しながら、区切りを入れていくといいですね。

　また、音読の練習として、乳児用の絵本を使うのもお勧めです。乳児用の絵本は文字が大きく、1ページに入っている文章量が少ないので、読みやすい。さらに、文節ごとにスペースを空けて書かれているので、言葉のまとまりを認知しやすいのです。

　こうした絵本で音読の練習を重ねると、少しずつ、文節のまとまりを意識した読み方が身についていきます。

読むスキルを上げるために

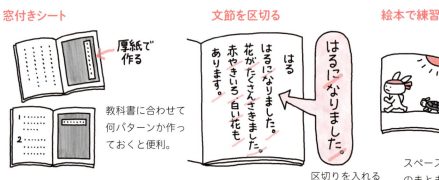

窓付きシート
厚紙で作る
教科書に合わせて何パターンか作っておくと便利。

文節を区切る
区切りを入れると読みやすい。

絵本で練習
スペースがあるので、文節のまとまりがわかりやすい。

　そのほか、P.162に眼球運動を高める「見るあそび」を紹介しているので、やってみてください。

Case:26

学習

文字をうまく書けない

2章 こんなときどうしたら？

文字を書くのが苦手で、ノートのマスや罫線からはみ出し、大きさもバラバラ。
全体的な筆圧も弱くて、親が見ても読めない文字がたくさんあります。
「し」と「つ」など似た文字の書き間違えや、鏡文字も。
黒板の文字を書き写すのも苦手で、だいたい途中であきらめてしまいます。

それはなぜ？

見る力・覚える力の弱さと、不器用さが考えられます

　書くことが苦手という場合、見る力の弱さと不器用さが考えられます。

　ここでいう見る力とは、主に見たものの形を正しくとらえる力のこと。文字の形や大きさをとらえるのが難しいので、書く文字の大きさにはばらつきが出てマスからはみ出したり、左右がわからなくなって、お手本を見ても鏡文字になってしまったりということがあります。「し」と「つ」の区別がつかないのも、この形をとらえる力の弱さがかかわります。

　また、感覚の偏りがあって手先が不器用という場合、鉛筆を正しく持って書くことが難しく、筆圧も安定しないので、極端に薄い文字になったり、逆に紙が破れるほど強く書いたりします。

　黒板の文字を書き写すのが苦手、という場合は、一時的に記憶するときに使うワーキングメモリ（P.46参照）がうまく使えていないことが考えられます。黒板に書かれた文字を見ても黒板から目を離すと同時に忘れてしまい、ノートへの書き写しができないということになるのです。

どうしたらいい？

粘土あそびで、形をとらえるコツをつかむ

　文字がうまく書けない要因が、発達の特性によるものと考えると、単純に同じ文字をたくさん書くような練習を繰り返しても、あまり効果はないでしょう。そればかりか、書くこと自体が嫌になってしまうことも考えられます。

　書く練習をする前に、まず形のとらえ方のコツを教えることから始めてみましょう。粘土を使った形・文字作りが、楽しくできてお勧めです。

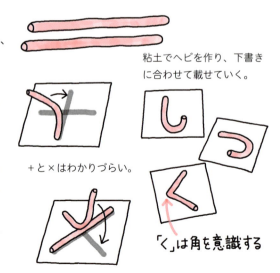

粘土でヘビを作り、下書きに合わせて載せていく。

＋と×はわかりづらい。

「く」は角を意識する

これによって、ひらがなの線の位置や方向、重なり具合のイメージがつくと、実際に書く文字に反映されます。また、書くときにひと筆ずつ意識できるようになるのも、大きなポイントです。

間違い探しクイズで

　似た文字を間違えるということについては、「間違い探し」をクイズのように楽しむのもいいでしょう。子どもがよく間違える文字を並べて書き、違いを見つけるのです（「さ」と「き」や、「こ」と「い」、「わ」と「ね」などが混乱しやすいようです）。

　見つけられない場合は、違う部分を赤くしたり、注目しやすいよう丸を付けたりするといいでしょう。

ノートの工夫で書きやすく

　実際に文字を書くときには、字の形をわかりやすくする工夫を考えましょう。まずはなぞり書き。練習帳やドリルとしてさまざまなタイプが市販されているので、子どもに合ったものを選んで活用するとよいでしょう。

　文字の大きさがバラバラ、マスからはみ出すという場合は、1マスが大きめのノートに変更してみましょう（1行8マスから4マスにするなど）。また、マス目の枠線をなぞって太くすると、境界線が明確になっていいでしょう。さらにマス目が4分割されているものを使うと、文字を左右、上下のパーツでとらえることができるので、わかりやすくなります。漢字の偏とつくりはもちろんですが、ひらがなも、パーツを意識して書くようにするときれいに書けることがあります。

　練習用の教材として、段ボールをくり抜いて枠を作り、その中に書くようにするのもいいでしょう。はみ出そうになると、鉛筆が枠に当たるので意識できます。

さらに書き出す位置がわからないということもあります。この場合は、書き始めのポイントをマークしておくといいでしょう。

書くスキルを上げるために

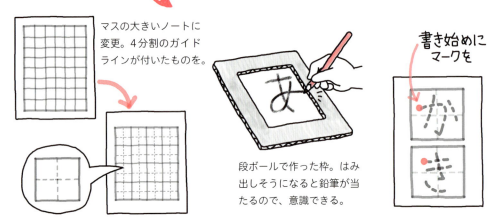

マスの大きいノートに変更。4分割のガイドラインが付いたものを。

段ボールで作った枠。はみ出しそうになると鉛筆が当たるので、意識できる。

書き始めにマークを

書かなくても済む工夫を相談して

　黒板の書き写しは、段階を踏んで行いましょう。まずは、ノートの横に見本の紙を置いて、それを書き写すことから始め、それができるようになったら、黒板の正面の席で書き写す、というように少しずつ慣れていくようにします。

　ただ、書くことが難しい子どもにとって、授業中、黒板の文字を書き写すように求めるのは、酷なこと。書くことで精いっぱいで、大切な学習の内容がまったく頭に入ってこないというのも困ります。あらかじめ要点をまとめたプリントを用意してもらうなど、どんな工夫ができそうか、先生と相談してみましょう。

　また、書くのが苦手な子が学校で困ることとして、連絡帳があります。その日の連絡事項を先生が黒板に書き、それを自分で連絡帳に書き写す、ということをしますが、これも連絡事項を書き出したものをコピーして配るということができそうならお願いしてみましょう。相談する中で、これはクラスのみんなにとっても助かる工夫だとわかって、1人のためだけでなく、クラス全体への取り組みになったという例もあります。

Case:27

学習

算数・計算が苦手

2章 こんなときどうしたら？

ほかの教科は特に問題がないのに、算数だけが苦手です。
足し算、引き算など計算問題はお手上げ。
学校に入る前から、数への興味・関心が薄く、数をかぞえる、
言われた数だけ物を持ってくる、といったことができませんでした。

数の概念の理解が低いことが考えられます

　算数や計算の苦手さは小学校に入って明確になりますが、その前から、数概念そのものへの理解の低さがあると思われます。例えば、「クッキーを3個持ってきて」とお願いしても、「3個」がわからず箱ごと持ってきたり、数えることが苦手だったり……後になって思い当たることも多いようです。

　なお、算数が苦手という子どもの中には、計算は問題ないけれど文章題になるとわからなくなる、図形問題になるとダメ、コンパスや定規を使うことができない、など、ある特定の部分について、苦手さが大きく現れることもあります。そして、その姿によっては、他教科における苦手につながることがあります。大きく「算数」という教科でくくらずに、本人の苦手な部分がどこにあるのかを知ることが大切です。

1対1対応ができるか確認してみましょう

　そもそも「数」の概念がわかっているかどうか、1対1対応ができるかを確かめます。例えば、

- 家族のランチョンマットに1つずつお茶碗を置く
- 仕切りのあるお菓子箱1つずつの空間に、お菓子を1つずつ詰める

といったことで確認ができます。

　また、並んでいる物を指さしながら「1、2、3……」と数える練習をしてみましょう。これも物と数の1対1対応。5、6歳で10までできれば大丈夫でしょう。

普段の生活に「数や量」を取り入れて

　普段の生活の中に、数や量の概念を意識的に取り入れていきましょう。

　あそびやお手伝いの中で、「3個持ってきて」「1個ずつ配って」「コップに半分水を入れて」と声をかけたり、テレビや絵本を見ながら「イヌの赤ちゃんは何匹いた

?」「5つの宝を持っているんだね」と言ったり、意識的に数を入れていくのです。子どもの好きなことから、数への興味が広がるようにできるといいですね。

子どもの「得意」と「苦手」を踏まえて

計算、文章題、図形問題など同じ算数の中でも、いろいろな「苦手」があると言いましたが、それぞれにおいてもまた、子どもの得意・苦手をしっかり押さえたうえで、対応を考えていくことが大切です。

例えば、文章問題が苦手というケースの中にも、見るより聞くほうが得意な子と、見るほうが得意な子ではわかりやすくする工夫は変わります。図形問題でも、形をとらえることが苦手なのか、コンパスや定規を使うのが苦手なのかによって、サポートの仕方は異なるでしょう。家庭で宿題を見るときなど、子どもの得意、苦手に合わせた対応を考えていきましょう。

聞くほうが得意なら、文章題を読み上げる。

見るほうが得意なら、図をかきながら説明する。

具体的な指導法は先生の引き出しから

実際の授業での工夫については学校の先生がノウハウをもっています。親御さんとしては、いきなり具体的な指導法を提案するより、「うちの子、文字や形はぱっと見て覚えてしまうのですが、文章を読んで理解するのが苦手で」というように子どもの特性を話すところから始めてみましょう。すると、「そういえば、文章問題だけ苦手なようですね。見るのが得意なら、文章題も図を書きながら説明するといいかもしれませんね」など、具体的なアイディアが出ることがあります。

指導法を先生に教えてもらうつもりで、積極的に尋ねてみましょう。親御さんの熱意が先生に伝わり、子どもへの指導によい効果が現れることもあるでしょう。

見る力・聞く力・覚える力を高めるあそび

見る、聞く、覚える、この3つの力は、学習の基礎となる大切な力です。楽しみながらこれらの力を高めるあそびアイディアを紹介します。

〈見るあそび〉

● コロコロ・ストップ

子どもはいすに座って、大人が転がしたボールを目で追い、足元に来たタイミングでボールを止める。左右両方やってみよう。慣れてきたら、立った姿勢で同様に（体のバランスをとるのが難しくなる）。

● シールはいくつ?

少し広めの壁やボードに4色ほどの丸シールをはる（20枚程度）。
その壁を正面にして、「赤は何枚はってある?」と大人が聞く。子どもは赤だけを数えて答える。数えるのが難しい場合は、赤のシールを指さして答える。

● 寄り目の練習

親子で寄り目の練習。動画を撮って、できているかを確認しても。「変顔」と言っていろいろな表情を作るのも楽しい。

〈聞くあそび〉

●ステレオごっこ

大人2人が同時に別々の言葉を言い、子どもはその2つの言葉を聞き分けて当てる。

※難しい場合は、どちらか1人に注目して聞き取るコツをつかめるようにしたり、声の大きさを大・小にして、大きいほうに注目させて聞き分けやすいようにしたりする。

慣れてきたら、目をつぶって聞き取るようにすると、さらに難しくなる。

●かるたで聞き取り

子どもが聞き取りづらい音を把握し、それを基に行う。
例えば、「さ行」が聞き取りづらいという場合、「さ・し・す・せ・そ」の入った言葉の絵カードを用意し、かるたのようにしてあそぶ（さくらんぼ、おすし、すいか、せみ、そら　など）。
中に、間違えやすい物を混ぜておくと、難易度が上がる（「そら」と「とら」、「すいか」と「いか」　など）。

2章　こんなときどうしたら？

〈覚えるあそび〉

● リピートしりとり

「バナナ」→「バナナ」・「ナシ」→「ナシ」・「シカ」→「シカ」・「カラス」など、前の人の言葉を一度繰り返し、その後自分の考えたしりとり言葉をつなげて言う。

● 買い物ごっこ

いろいろな物の絵カードを並べておき、大人が子どもに「バナナとリンゴとイチゴを買ってきて」など買い物を頼む。
子どもはその伝言を覚えて、言われた物のカードを探してかごに入れる。カードではなく、おもちゃなど実物を使っても。
言葉で覚えるのが難しい場合は、初めに写真や絵カードで確認してから行う（映像として見たほうが、記憶しやすい子もいるので）。

3章

相談・支援を求めるとき

各機関での対応

子どもの発達や子育てで悩んだとき、
どこに相談をしたらいいのか、なかなかわかりません。
どんな機関がどんな対応をしているのかを知り、
十分に活用していきましょう。

どこに相談したらいい？

　子どもの育ちが気になる、専門家の意見を聞きたい……と思っても、どこに、だれに相談したらいいのか、わかりません。実際、発達障害を専門に診る病院は少なく、予約が取れても数か月後……というのがざらです。不安を抱えたまま診察を待つより、まずは、身近で相談しやすい所を探して、連絡してみましょう。

0 (歳)　　　1　　　2　　　3　　　4

保健所・保健センター
子育て支援事業
保育所

Point
この時期はまだ専門的な診断より、気になる育ちのようすを見てもらう、という意識でよいでしょう。かかりつけ医や、乳幼児健診の機会を活用することをお勧めします。

Point
子育て支援事業として育児相談を行っている所があります。保育園の園開放もお勧め。保育士や看護師・栄養士などに相談でき、近所のママ・パパと知り合ういい機会でもあります。

Point
保育所、幼稚園がいちばん身近な相談機関という時期ですが、子どものことを理解してもらえず、担任との関係があまりうまくいっていないと、話しづらいということも。その場合は、園以外の所での相談相手を探しましょう。

Point
小学校では、特別支援教育コーディネーターやスクールカウンセラーなどから具体的なサポートについて相談ができます。そこからさらに専門機関につないでもらうこともあります。

5　6　7　8

幼稚園

小学校

教育委員会・教育センター（就学相談・教育相談）

児童家庭支援センター・児童相談所・児童相談センター

発達障害者支援センター・子ども発達支援センター

医療・療育機関

3章　相談・支援を求めるとき

Point
就学相談は、就学前年に限らず早期からの相談が可能。就学後は教育相談として、特別支援教育関連の相談もできます。

Point
専門機関以外にも、家族や近所の先輩ママ、職場の同僚など、頼りになる人が身近にいるかもしれません。周りを見回してみましょう。

子どもの発達にかかわる機関

　子どもの発達を支援する所として、さまざまな機関があり、随時相談を受け付けています。それぞれ、どんな人がいて、どんなことを行っているのか、知っておくとよいでしょう。なお、各機関の名称、呼び方は地域によって異なります。

●子育て全般の相談に乗ります

●保健所・保健センター
　各自治体にあり、就学前の子どもの発達において、いちばん身近な相談機関ともいえます。乳幼児健診の際に保健師に相談し、医療や療育など専門機関につないでもらうこともできます。

●子育て支援事業
　子育て家庭の支援活動を行います。各自治体による公的機関から、民間団体が運営するものまでさまざま。サービス内容はいろいろで、専門家による育児相談を受け付けている所も多くあります。

●保育所・幼稚園　⇨詳細はP.184
　自治体やその施設によって対応は異なりますが、基本的に子どもとその保護者の支援を行います。在園児以外の地域の親子を支える取り組みとして、園庭開放や育児相談などを行っている所も多くあります。

●児童家庭支援センター
　18歳未満の子どもや子育て家庭のあらゆる相談に応じるほか、ショートステイや一時預かりなど、在宅サービスの提供やサポートを行っています。地域の子育てに関する情報も多くもっています。

●児童相談所・児童相談センター
　18歳未満の子どもを対象とする相談の総合的な窓口。発達障害の相談も受け、必要に応じて、発達検査や診断を行うことも。療育手帳の交付や、各専門機関の紹介なども行います。

●就学・教育の相談に乗ります

●教育委員会・教育センター　⇨詳細はP.188

各自治体にあり、学校教育全般にかかわっていますが、その中の教育相談事業として、支援を要する子どもの就学相談を受け付けています。

●小学校　⇨詳細はP.194

自治体や学校によって対応は異なりますが、基本的に在籍している子どもとその保護者の支援を行います。校内に配置されているスクールカウンセラーや特別支援教育コーディネーターなどの専門家に相談することもできます。

●専門的に診療・相談を行います

●医療機関　⇨詳細はP.172

発達障害を専門に診るのは、児童精神科・小児神経科の一部の医師で、診断もそこで行われます。療育まで同院内で行う所と、療育は別機関と連携して行う所があります。そのほか普段診てもらっているかかりつけ医（小児科医・内科医など）の中にも、発達障害に詳しい医師がいることがあるので、相談してみても。

●療育機関　⇨詳細はP.180

主に発達に偏りがある子どもを対象に、必要な療育・指導を行います。心理や言語・作業療法などの専門家が、個人の特性に合わせた療育を計画し、指導に当たります。親子通園施設やことばの教室なども療育機関の１つ。小学生以上も受け入れる療育機関は少ないので、就学以降は「放課後等デイサービス」（P.179参照）を活用しても。

●発達障害者支援センター

各都道府県に１か所以上あり、幼児から成人までの発達障害児・者を対象に、相談、発達支援、就労支援を行います。近くにない場合は、電話相談も受け付けています。

●子ども発達支援センター

主に子どもの発達や療育に関する相談に応じます。発達の気になる子どもを対象とするあそびや指導を実施してる所もあります。

3章　相談・支援を求めるとき

健診を活用して

　定期的な乳幼児健康診査（健診）の機会を通して発達の偏りに気づき、専門機関につながるケースも多くあります。お子さんの発達が気になる場合、この健診の機会を有効に活用できるよう、親御さんからも積極的に質問していくとよいでしょう。

●乳幼児健診　～育ちの相談の機会と考えて～

　法的に定められ、全国で実施されている健診は1歳6か月児と3歳児の2回。該当年齢が近づくと、自治体からお知らせが送られてきます。

　健診では、保健師、医師のほか、言語聴覚士、臨床心理士など発達の専門家からアドバイスを受けることができます。また、必要に応じて地域での支援サービスにつなげてもらうこともあります。

　発達障害の傾向を見るという観点でいうと、気づきやすいのは自閉症スペクトラム障害（ASD）でしょう。というのも、ASDの診断基準となる対人面やコミュニケーションについては、0～3歳で著しい発達を遂げるため、遅れが明らかになりやすいのです。一方、幼児期の多くは落ち着きがないためADHDかどうかの判断は難しく、学習面に現れるLDの診断も年齢的に無理があります。

　健診では、育児困難や育児不安を抱える母親の支援も重視しています。親の「育てにくさ」を聞く過程で子どもの発達上の課題に気づく場合もあります。

1歳6か月健診では
心身の発達の確認、疾病の早期発見などが主な目的。具体的には次のような点を確認する。
アイコンタクト／大人の動作をまねる／指さしを目で追う／興味のある物を指さしで伝えたり、持ってきて見せたりする／簡単な指示を理解する／見立てあそび／社会的参照（不安なときに親の顔を見て確認する）
　　　　　　　　　　　　　　　　　　など

3歳児健診では
発達障害の発見も視野に入れて行われ、具体的に次のような点を確認する。
- 保護者からの聞き取りでは…会話のようす／興味の偏りやこだわり／注意・集中・多動性　　など
- 子どもからは…名前や年齢などの簡単な質問に対する応答／大小や長短、色などの認知発達の確認　　など

健診会場での他児とのかかわりや親子のようすを観察することも。

●5歳児健診　〜発達の偏りの早期発見、早期支援が目的です〜

　最近、5歳児健診を行う自治体が増えてきています。主な目的は、3歳児健診では明確にならなかった発達の偏りになるべく早く気づき、必要な支援につなげること。自治体によっては、医師が健診に加わらない「5歳児相談」「発達相談」などもあります。

　5歳といえば園の年中クラス。ほとんどの子どもが保育所や幼稚園での集団生活を経験しているため、集団適応に関する困難は見えやすくなっています。また、就学まで1年以上あるこの時期に発達上の課題が明確になることで、早くから就学を意識した支援を行うことができるのです。

　個別の診察と、集団行動の観察とがあり、医師の診察では、主に集団適応力や認知発達、情緒の安定性などを見ています。また、ほとんどの5歳児健診では、園の担当保育者が同席し、園生活での状況を伝えています。健診を保育所や幼稚園で行うことも多く、その場合は、集団あそびの中での行動・ようすを見ることもあります。

●就学時健診　〜学校生活に向けて心身の状態を確認します〜

　就学の前年10〜11月ごろ、小学校を会場として保護者同伴で行われます。学校での集団生活に備え、心身の状態を確認することが目的で、基本的な身体検査のほか知的発達についても検査します。身体的な疾病が見つかれば治療を勧められ、発達的な要因で支援が必要とみなされ、就学相談を勧められることもあります。保護者の側からも、就学にあたって心配なことがあれば、この場で相談してみるとよいでしょう。

診断するとき されるとき

　発達障害の診断を行うのは、児童精神科や小児神経科の一部の医師です。定期健診で勧められたり、かかりつけ医の紹介で受診されるケースが多いようですが、ダイレクトに専門医受診を考えている場合は、まず、保健センターやかかりつけ医など身近な専門家に相談をして情報を得るとよいでしょう。

●診察の参考になるもの

　受診に際して、事前に医師から持参する物を指定されると思いますが、それ以外にも、持っていくとよい物があります。下記を参考にしてみてください。

　なお、小さいころの写真、ビデオや、本人がかいた絵、作った工作物なども特性を知る手がかりになります。例えば、絵では色使いや筆圧の感じ、工作ではものすごく細かい部分にこだわりがある、といったことから子どもを把握するのに役立ちます。「その子らしさ」が表れているものがあったら、ぜひ持参してください。

　なお、いろいろと聞きたいことがあったのに、医師に会ったら緊張して忘れてしまうこ

受診時に持参するとよい物(例)

- ●母子手帳
- ●成育歴や病歴の書かれたもの、各種検査結果、お薬手帳など
- ●育児日記、園の連絡帳、学校の通知表
- ●写真やアルバム
- ●ホームビデオ
- ●本人の作品(絵や工作物)、学習ノート
- ●発達検査の結果(あれば)
- ●紹介状(あれば)

※予約時に問診票を受け取っていたら、その記入も忘れずに。

とも。事前にこれだけは聞いておこう、言っておこうと思うことはメモをして持っていくようにしましょう。

●診察の流れ

病院によって異なりますが、初診の場合は、問診や行動観察を含めて1時間はかかると思っておいたほうがいいでしょう。当日、発達検査や知能検査など諸検査を行う場合はさらに時間がかかります。

問診は、保護者との面談がメインです。資料を見ながら、子どもの育ちや生活のようすを丁寧に聞き取り、子どもの行動観察からも状態を確認していきます。

行動観察の仕方はいろいろです。面談中、子どものようすを観察することもありますし、専門のスタッフと一緒にあそぶようすを部屋の外から観察することもあります。療育も行っている病院では、診察後に療育体験をすることもあります。

そうして、診察や検査などから必要な情報を集めて検討し、その後の計画を立てます。その日のうちに診断書を出すところまで希望する方もいますが、よほどの事情がない限り、初診当日に診断名を告げることはありません。

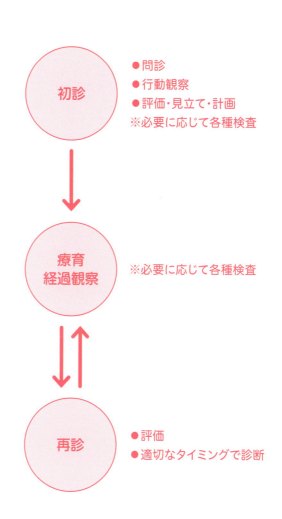

●初診時の評価・見立てとは

その日、保護者の話や子どものようすからわかる範囲での見立てを告げます。
　お子さんにはこんな傾向があるかもしれない……と仮説を立て、今後どういった治療・療育を行うかを提案し、保護者と相談します。診察を行った病院が療育も行っている場合は、その日のうちに療育の予約をすることもあります。その後の療育の計画は、専門のスタッフが中心となって保護者と相談し、立てていくことになります。

●セカンドオピニオンを考えるとき

もし、初診を受けて納得がいかない場合は、セカンドオピニオンを考えてもいいでしょう。ただ、また別の病院を探し、予約をとって数か月待つことを考えると、今必要な支援はとりあえず始めてしまうというのも1つの方法です。予約を待つ間、療育だけは初診の病院で始めるというのもいいでしょう。

診断の過程で行われる「検査」って?

発達障害の診断の過程で行われる検査には、主に発達検査と知能検査があります。さらに、子どもの状態によっては、脳の画像診断や脳波検査を行うこともあります。

★知能検査とは
知的能力を測る検査。「ウェクスラー」「田中ビネー」などが多く用いられ、知能指数（IQ）を算出するものが有名。障害の有無を判定するのが目的ではなく、子どもの発達状態や困難性を把握し、適切なかかわり、指導を考えるうえでの参考とするもの。

★発達検査とは
身体運動能力や社会性の発達なども含めて、発達水準を測る検査。「乳幼児精神発達診断法（津守式）」「新版K式発達検査」などが多く用いられ、発達年齢（DA）や発達指数（DQ）を算出するものがある。検査者が直接子どもを検査・観察して評価を行うものと、養育者の報告を基に評価するものがある。

Column　診断は、子どもの「育ち方」や「伸び」を見て

　発達障害の診断を、いつ、どのように伝えるかは、子どもの状態、家族の思い、医師の考え、病院の態勢などさまざまな要因が絡み合うため、本当にケースバイケースです。

　わたしの場合は、初診で子どものようすをみて「こんな特性があるかもしれない」と仮説を立て、それに合わせたかかわり（療育）を行い、そのうえでの伸びを見ます。これをやったらこんなに変わった、じゃあもう少しこうしてみようか……としているうちに、ようやく子どもが見えてきます。やってもなかなか変わらないところはあるし、すごく伸びる部分もある。やり方を変えたら、困った行動がなくなってしまった、なんてこともあるのです。

　発達障害には、医学的な診断基準があり、もちろんわたしもそれを使用していますが、この診断基準は、「○○ができない」などマイナスの状態をチェックしていくものです。でも大切なのは、「どういう支援が必要な子どもなのか」を知ること。

　「○○ができないから××障害かもしれない」ではなく「○○の特性に合わせた対応をしてみたら、すごく伸びたので、もしかしたら○○の傾向があるのかもしれない」という見立てです。こういった言われ方のほうが、親御さんも受け入れやすいし、今後どうしたらいいのかもわかりやすい。何より、これには診断名の有無は関係ありません。

　大切なのは診断名を告げることではなく、どんな支援が必要な子どもなのかを伝えること。このように考えて対応しているので、当院では、初診から診断名を告げるまで少なくとも数か月、場合によっては数年かかることもあります。

　中には、初診日に、何がなんでも診断名を教えてとおっしゃる親御さんもいます。診断名を聞くつもりで来たのに「ようすを見ましょう」と言われると、その時点で思考が止まって、その後医師が何を言っても頭に入っていかないこともあるようです。

　ただ、ここまで説明してきた通り、発達障害はその子どもの育ち方を見て判断するものなので、初日に見た子どもの状態と、そのとき受け取った情報だけで診断することはできません。本当に「ようすを見る」必要がある。そのことを理解したうえで、ようすを見る間、どんな支援をしていったらいいのかを聞くことのほうを大切に考えてほしいと思います。

（田中 哲）

薬による治療は？

　発達障害の多くは薬の使用なしに治療・療育を行っていきます。特に幼児の場合は、診断されたとしても環境整備や生活指導、運動やあそびによる療育が主であり、薬を出すことはほとんどありません。ただ、現れる症状によって生活や学習にかなりの困難・支障をきたしている、また二次的な障害が懸念される場合、さらにそれが療育などほかの方法での改善を図れない場合に、療育と併用しながらの処方を検討します。

●治すのではなく、症状の緩和が目的です

　発達障害で薬を処方する場合、障害そのものを治すためではなく、現れている症状を緩和することを目的としています。
　例えば、ADHDで集中できない度合いが強く、生活や学習に支障をきたしている場合、中枢神経に働く薬で注意散漫になるのを防ぎます。また、ASDで感覚過敏が強すぎるという場合、神経の働きを調整する薬（いわゆる安定剤）などによって症状の出方を抑えることがあります。

●処方の仕方は？

　処方はかなり慎重に行います。
　まず、薬なしでやっていく方法を探し、どうしても薬が必要と判断したとしても、少量ずつ、ようすを見ながら処方します。
　処方の仕方には大きく2つあり、予防的に毎日服用する場合と、必要なときスポット的に服用する方法があります。薬の量を抑えようと思ったら、スポット的に使うほうが少なくて済みますが、必要なときに嫌がって飲んでくれない場合もあります。そうなると、毎日少量ずつでも飲んでいれば、必要なときの効き目としては弱いが確実、という考え方もあります。
　どのように処方するかは、本人の年齢や症状の出方、性格など、いろいろな要素を踏まえ、親御さんや本人と話し合ったうえで、いちばんよい方法を決めていきます。
　薬によってはさまざまな副作用（眠気、むかつき、体重増加、食欲低下など）も現れます。そのため薬を飲ませることに、不安を抱える親御さんは多いでしょう。十分に医師と話し合い、不安なことはすべて伝えるようにしてください。

●どうして飲むの？　いつまで飲むの？

　子どもへの処方は基本的に親の同意があれば可能ですが、本人の理解も大切。何歳であっても、その年齢に応じた説明の仕方で伝えていくようにします。「頑張っているのに覚えられないよね。これを飲むとお勉強がしやすくなるよ」「イライラが少し小さくなるよ」など、その子がいちばん困っていることがよくなる、楽になる、ということを伝えると納得しやすいようです。

　また、いつまで飲むのか見通しを知りたがる子もいます。親御さんも同じ気持ちでしょう。ただ、いつまで飲むかは子どもの成長の仕方によるので、医師でも明確にわからないというのが正直なところ。ずっと飲むものではないということは伝えたうえで、「このような状態になったら薬がなくても大丈夫なので、そのときにまた相談して決めましょう」と話します。

　子どものほうから「薬をやめたい」と言うこともあります。理由はいろいろですが、「薬を飲んだときの状態は自分じゃない気がする」「何かに抑えられている気がする」などと言います。「頑張れるようになってきたから、薬なしでやってみたい」と提案してくる子もいます。薬を子どもが追い越していく、という感じですね。その場合は、少しやめてみて、そのときの状態はどうだったか、本人と確認します。そうやって一緒に薬とのつきあい方を相談していきます。

●薬を服用するメリット

　薬を飲むことでのいちばんのメリットは、「よい状態」がわかるということでしょう。例えば、多動で落ち着きのない子に「落ち着いて」と言っても、それがどういう状態なのか、経験したことがないとわかりません。ところが、薬の力を借りると、落ち着くって、集中するってこういうことなんだと体験できます。すると、「集中」へのもっていきようがわかり、「落ち着いてね」の声かけで落ち着けるようになるのです。それが成長とともに、薬がなくてもその状態にもっていけるようになる、理想的な薬の使い方といえるでしょう。

手帳や受給者証は必要?

　発達障害の診断を受けると、「療育手帳」や「受給者証」の取得を勧められることがありますが、これらの名称を初めて聞くという人も多いのではないでしょうか。基本的なことを知ったうえで、取得を検討するようにしましょう。

●療育手帳って?

　療育手帳（自治体により「愛の手帳」「みどりの手帳」と呼ぶ所も）は、障害のある人に発行される「障害者手帳」の1つで、基本的には、知的障害のある人が対象となっています。ただ、知的障害がなくても、社会適応や生活上の困難の度合いから必要性が認められ、交付されるケースもあります。なお、知的障害のない発達障害の場合、「精神障害者保健福祉手帳」を申請するという方法もあります。精神科に相談してみてください。

●メリット・デメリット

　療育手帳を持っていると、さまざまな支援サービスが受けやすくなるというメリットがあります。また将来、特別支援学校高等部に進む場合は療育手帳の取得が条件になっており、その先の就労では、障害者雇用枠での就職が可能になる（一般枠も可）ということがあります。

　デメリットとしては、本人、家族の心情的なことがいちばんでしょう。手帳を持つことで「障害者」と認定された気がする、周囲から差別的な目で見られそうと思い、申請を迷っている人も多くいます。

　また、将来、障害者雇用枠で就職ができることをメリットととらえる人もいれば、一般のルートから外れる可能性が高くなると、デメリットにとらえる人もいます。

　実際に取ってみたら、心配していたデメリットについては、まったく気にならないという人もいるので、周囲とよく相談したうえで、取得を検討しましょう。

●取得の手続き

　各自治体の児童相談所または障害福祉担当窓口へ申請し、児童相談所において、心理判定員・医師による判定を受けます（18歳未満の場合）。

●**受けられるサービス**
- ●税金の控除や減免
- ●公共料金や電話料金の割引
- ●公共交通機関・公共施設・映画館などの無料化または割引
- ●生活保護の障害者加算　　など

※障害の区分・自治体によって受けられるサービスは異なります。

●受給者証って？

　療育機関など児童発達支援事業の利用に際して提示を求められることのある「障害福祉サービス受給者証（通称受給者証）」。児童発達支援以外にも、いくつかの通所施設においてサービスを受けることができます。

　なお、これは障害者手帳とはまったく別物です。療育手帳を持っていても、児童発達支援のサービスを利用する場合は、受給者証を取得する必要があります。

●**取得の手続き**

　まず、利用したい施設・機関を決定し、利用開始の内定をもらったうえで、各自治体の障害福祉担当窓口に申請し、取得。利用契約の際、施設・機関に提示します。

　療育手帳の取得基準とは異なるので、手帳を持っているかどうかは取得に関係ありません。

●**受けられるサービス**

　以下の施設における利用料割引。
- ●児童発達支援事業…主に障害のある子どもの通所施設の療育サービス。
- ●放課後等デイサービス…学童対象。放課後や長期休暇中、自立を目ざした療育・指導、放課後の居場所作り。
- ●保育所等訪問支援…保育所利用中の障害のある子どもが対象。保育所で安定して過ごすための訪問・支援。

　　　　　　　　　　　　　　　　　　　　　　　　　　　　　　　　　　　など

療育機関ってどんな所?

　療育とは、発達に偏りがある子どもに対して、認知・言語・運動面の発達を促すこと、身辺自立や社会的スキルを身につけることを目的に行う指導・支援。療育機関では、専門のスタッフがあそびや運動などさまざまなプログラムを基に療育を行っています。また、保護者の相談に応じ、園や学校との連携も行います。

●療育機関に通うまで

　乳幼児健診や発達相談の場や、園やかかりつけ医などから、療育機関の存在を知るケースが多いと思います。実際に施設のようすを見学してから、通うかどうかを決めるようにしましょう。また、施設によって療育内容は異なり、受け入れる子どもの年齢に制限を設けている所もあるので、予約の前によく確認しましょう。

●予約から利用開始の流れ（あくまでも一例。機関によって異なります）

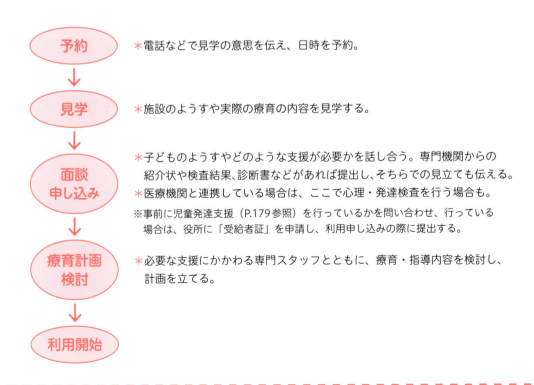

予約
＊電話などで見学の意思を伝え、日時を予約。

↓

見学
＊施設のようすや実際の療育の内容を見学する。

↓

面談
申し込み
＊子どものようすやどのような支援が必要かを話し合う。専門機関からの紹介状や検査結果、診断書などがあれば提出し、そちらでの見立ても伝える。
＊医療機関と連携している場合は、ここで心理・発達検査を行う場合も。
※事前に児童発達支援（P.179参照）を行っているかを問い合わせ、行っている場合は、役所に「受給者証」を申請し、利用申し込みの際に提出する。

↓

療育計画
検討
＊必要な支援にかかわる専門スタッフとともに、療育・指導内容を検討し、計画を立てる。

↓

利用開始

●こんな専門家がいます

療育機関には、さまざまな専門家がおり、1人1人の支援計画に基づいて支援・指導にあたっています。

●**作業療法士（OT）**
あそびや作業活動を通して、不器用さや運動面、基本的生活動作の指導を行う。

●**理学療法士（PT）**
立つ、歩く、座るなど基本的な運動機能の発達を促す指導、相談を行う。

●**言語聴覚士（ST）**
言葉の発達や発音、聞こえなどに心配のある子どもの指導を行う。そしゃく・嚥下機能の発達を促す指導も。

●**臨床心理士（CP）**
発達の偏りや情緒面に心配のある子どもの幅広い相談、指導を行う。

※そのほか、保育士、医師、看護師など、施設によってさまざまな専門スタッフがいます。

●こんなプログラムがあります

施設により、療育プログラムは異なりますが、大きく分けて、支援者と1対1で行う個別療育と、少人数で行うグループ療育があります。

個別療育では

言語や認知、手先の操作や全身運動など、その子どもの苦手なこと、伸ばしたいところに合わせてプログラムを組み、専門のスタッフと1対1で行う。

グループ療育では

2～5人程度の少人数グループで、ルールのあるゲームや協力するあそびなどを通して、コミュニケーション力や社会性をつけていく。

Column 療育のようす

実際の療育のようすを、東京都立小児総合医療センターの例を基に見ていきましょう。

●**1回の療育の流れ** ～こんなふうに進めます～

ここでの療育は6～10人程度のグループで行います。毎週1回、約2時間のプログラム。利用児のほとんどが地域の保育所・幼稚園に通っています。

1 あいさつ・入室

療育室前でスタッフとあいさつし、個別のロッカーで準備。トイレを済ませ、上履きに履き替え、お手ふきタオルをセットしたら、「あそび」から始まります。

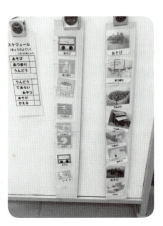

個々に用意されたスケジュールを確認。写真や絵、文字のカードなど、子どもの理解に合わせて表示をしている。

2 あそび

パズルやままごとなど、どこの家庭にもあるようなおもちゃであそびます。それぞれが好きなおもちゃでじっくりあそぶことを大切にしています。

あそびスペースでは、上履きを脱いで。置き場所が足形の目印でわかりやすい。

3 あつまり（小集団活動）

グループで一緒に活動。子どもたちはリーダーに注目して、話を聞き、活動に取り組みます。活動内容は、子どもたちの社会性、認知、言語、運動など発達に応じて構成します。

〈活動の一例〉あいさつ⇒リアクションじゃんけん（後出しじゃんけん）⇒風船バレー
⇒絵合わせゲーム

4 うんどう（感覚統合療法）

感覚統合療法室には、さまざまな教具が用意され、あそびながら、体のバランスのとり方、筋肉や関節の使い方、見る・聞く力などを伸ばします。またビーズクッションなどで心地よい感覚を取り込み、情緒の安定を図ります。

マットやボールプール、バランスボールなどさまざまな運動用具を備える。

5 べんきょう（個別課題学習）

担当スタッフと1対1もしくは1対2で、子どもの力に応じた個別課題を行います。目と手の協応・言語・社会性・粗大運動・微細運動・認知など課題の設定は総合的に構成。

1人でパズルや迷路に取り組む課題（上）から、大人の指示に従って作業する課題（右）などさまざま。

6 おやつ

手を洗う、おやつを選ぶ、あいさつするなど、マナーを理解し、適切に振る舞えるように促します。言葉で伝えられない、指さしができないときはコインで選択するなど、伝えやすい方法を工夫しています。

7 保護者との面接

療育終了後、毎回10分程度担当スタッフと保護者が面接を行います。その日に行ったプログラムと子どものようすを報告するほか、日ごろの悩みやかかわり方のアドバイスなども併せて行います。

保育所・幼稚園での対応は

　就学前の集団生活の場としては、保育所と幼稚園のほか、教育と保育の両方を行う「認定こども園」などがあります。それぞれに特徴があり、保育・教育の方針も園によって異なります。実際に園を見学して、お子さんにとってどんな環境が合うのか、じっくり検討しましょう。

●園選び、どうしたらいい?

　発達に気になるようすがある場合、特に園選びには慎重になるでしょう。保育所や幼稚園の多くが、見学を受け付けており、園開放、体験入園を行っている所もあります。まずは園に問い合わせてみましょう。

　当日は、園長先生や担当の保育者に子どもの状態を正確に話したうえで、わが子がこの園に入ったら、どんな園生活を送ることになるのか、具体的に想像してみるといいでしょう。

お集まりの場面ではどうするかな?

給食を食べるときはどんなかな?

●障害があると入園を断られる?

　公立の保育所・幼稚園では、基本的に障害の有無にかかわらず、地域の子どもを受け入れる一方で、私立の園では、発達障害のある子どもの入園を断る園もあります。大方の理由は、「一斉保育が中心で個別支援に対応できない。人員的にも、保育内容的にも、受け入れ態勢が整っていない」ということでしょう。そのため、集団生活への不安があっても、それを言ったら入園を断られるから隠しておく……という親御さんも多くいます。「乳幼児健診で診断を勧められたけど、幼稚園の入園を控えているので受診はしないでおこう」と考える人もいます。

●子どもの状態を伝えないまま入園すると

ただ、そうやって子どもの実情を明確に伝えないまま入園したとして、それが子どものためによい選択とはいえない場合が多々あります。

例えば、「みんなと一緒」になかなかついていけず、外れてしまう。1人担任なので、なかなかフォローも行き届かない……となると、せっかく園に入ったのに、期待した集団活動、人とのかかわり、といった経験がほとんどできないということになってしまいます。また、障害のある子を積極的に受け入れるとパンフレットに書かれていたので安心して入園したら、一日中、専任の先生とのマンツーマンで、友達とかかわる時間がまったくない……園に入った意味がない！というケースもありました。いずれも、入園前に子どものようすを伝え、園の先生としっかり話していれば防げたケースです。

●どんな支援を受けられるの？

最近は、発達障害や特別支援教育の理解が進み、園の支援体制は日に日に進化していますが、どんな支援が受けられるかはその園によって違います。

発達障害と診断されていると、専任のスタッフがつく可能性は高く、必要に応じて個別支援を受けることもできます。ただ、診断がなくても、園で必要と判断すれば、個別対応のためスタッフを増員することもあります。

また、リソースルームといって、クラスから離れて1人または少人数で過ごすスペースがあったり、支援の必要な子どもを集めて少人数の活動を行ったり、療育機関で行うような指導を実践している園もあります。

どんな支援が必要かは、1人1人違います。園の担当者とよく話し合い、お子さんに合った支援を一緒に考えていくことが大切です。

●園で子どもたちは、どんなことに困っている？

　保育者が、「困ること」としてまず挙げるのは、園を飛び出してしまう、高い所に上ってしまうという多動が激しいケースです。特にクラス担任が1人という場合、安全性の確保が難しいからです。

　それ以外にも、発達の偏りがある子どもたちが園生活で困りがちな場面はいろいろあります。コミュニケーションが苦手なため自分の思いを伝えられない、集団活動からいつも外れている、ゲームで勝てないと怒ってパニックになるなど。ときに乱暴をして友達を傷つけてしまうこともあります。こうしたようすは、家庭の中では気づきにくく、園という集団生活に入って初めて気づく、というケースも少なくありません。特性を理解したうえでの適切な対応が必要になるので、保育者と十分に話し合うことが大切です。

●園との連携がよりよい支援につながります

　子どもについて気になることがあるのに、保育者も保護者も互いに話を切り出せない……ということがあります。もし、この人なら話してもいいかも？と思える保育者がいたら、思いきって相談してみましょう。なぜなら、発達に偏りがある場合、早期の支援が大切。早くに園との共通理解をもつことで、園と連携した支援が早期に始められるからです。相談したら診察を勧められるのでは？と不安な場合は、「まだ、診察を受ける気持ちにはなれない」と正直に話したうえで、今できる支援を一緒に考えたいと伝えるといいでしょう。その後、専門機関にかかることになった場合、園との連携がとれていると、療育や診察のようすを共有しやすく、よりよい支援につながるというメリットもあります。

●クラスの保護者に話したほうがいいの？

　周囲の理解を得るために、保護者会などでわが子の特性について話すという人がいますが、それがよいかどうかはケースバイケースです。話したことで、温かい支援を受けることができたという人もいれば、迷いを抱えたまま話し、その後の周りの反応に耐えられず、後悔しているという人もいます。

　ただ、話しづらいからと、周囲との交流を避けていると、親子ともに孤立してしまう心配もあります。だれか1人でも話しやすい人がいたら声をかけてみましょう。いきなり深い話ではなく子育ての悩みを雑談程度に話すことからでOK。

保育者に相談したことで、同じような悩みを抱えている人や卒園児の保護者で話を聞いてくれそうな人をさりげなく紹介してもらったということもあります。

●地域の園に通うことで、生涯通じた仲間・サポーターができることも

よりよい支援を求めて遠くの園に通うという選択もありますが、地域の園に通うよさもあります。それは、地元にサポーターができるということでしょう。小学校に上がってからも園生活でよい関係を築いた仲間がサポートをしてくれることが多々あるのです。

例えば、小学校でクラスの友達とトラブルになったとき、園から一緒の同級生が、「A君は、こういうふうに言うとわかるんだよ」とほかの友達に教えてくれたり、ママ友が、「A君は、こんなにステキな所があるんですよ」と周りの保護者に伝えてくれたり。そういう仲間が、地域にいることは、子どもにとっても、親御さんにとっても、心強いことでしょう。

園の子育て支援事業を活用して

保育所・幼稚園では、地域の親子を対象に独自の子育て支援事業を行っている所が多くあります。保育所では、身体測定を行いながら看護師に相談したり、食事について栄養士からアドバイスを得たり、ということもあります。園庭開放や親子あそびの会では、在園児とのふれあいもあり、入園を考えている場合は、園の保育を知るいい機会になるでしょう。

そのほか、地域の催事場や公園などで出張・出前保育と称して、園の保育者によるお話会や親子あそび、育児相談などを行うことも。いずれも自治体の広報紙やホームページで情報を入手できるので、活用してみてください。

就学はどうしたらいい？

　特に発達が気になるお子さんの場合、就学先の検討は早めに始めることをお勧めします。各自治体では、就学に不安を抱える方のために就学相談を行っているので、ぜひ活用しましょう。

●就学相談は、就学先の検討だけではありません

　就学相談は、発達の偏りや障害などで就学に不安がある場合、保護者の申し込み（主な窓口は教育委員会）により行われます。障害の有無は関係なく、希望すればだれでも受けられます。子どもの状態に応じてより適した就学先を相談する場ですが、単に就学先の検討だけではなく、就学後の学校生活がよりよいものになるために、保護者と一緒に考えることも大切にしています。

　就学までの基本的な流れを右ページに示しました。就学相談については、毎年5～6月ごろ告知されるので、自治体のホームページをチェックしてみましょう。同時期、保育所・幼稚園にもお知らせが渡っていると思うので、通っている園に確認してみてもいいですね。相談開始から就学先決定まで2～5か月かかります。複数の学校を見学し、そのつど家族で相談、となると、あっという間に時間が経ってしまいます。相談を希望する人は、早めに申し込んだほうが安心です。

　なお、就学先の検討を行う就学支援委員会（教育支援委員会）で出される就学先は決定事項ではありません。審議結果を踏まえたうえで、最終的に就学先を決めるのは保護者。納得するまで繰り返し相談を行うこともできます。

　また、就学後も相談を継続するケースもあり、活用の仕方はいろいろ。お子さんの発達で気になることがあるけれど、だれに相談したらいいのかわからない、という場合に就学相談の場を活用するのもいいでしょう。相談は、臨床心理士や元校長先生など心理や教育の専門家があたります。安心してなんでも相談しましょう。

就学までの基本的な流れ

※あくまでも一例です。詳細は各自治体に確認しましょう。

月	
4（月）	**情報収集**　自治体のホームページやパンフレットなどで、就学に関する情報を集める。
5	
6	
7	**学校見学**　直接申し込むほか、設定された公開日や一般公開している学校行事を利用しても。
8	
9	
10	**就学時健診**
11	
12	
1	**就学先決定通知**
2	**入学説明会**
3	
4	**就学**

〈就学相談を行う場合〉

情報収集
保護者が各自治体の窓口（主に教育委員会）に申し込み、初回相談日時を決める。

相談開始
相談員との面接や子どもの行動観察のほか、発達検査や専門医診察による状況把握（その後、状況を見ながら相談を継続）。

訪問観察
相談員らが、通っている園や療育機関を訪問し、子どもの普段のようすを観察。

学校見学
就学先の候補が具体化してきたら、実際に見学。希望する学級への体験入級を行う所もあるので、相談してみても。

（必要に応じて、面談を行う）

就学先の検討・判定
就学支援委員会（自治体により名称はさまざま。教育・心理・医療などの専門家で構成）が、面談や行動観察、各種検査結果などを総合的に見て、適切な就学先について審議する。
審議結果を保護者に伝え、保護者の考えと異なる場合は、その後十分に話し合う。
審議結果や相談を踏まえ、最終的には保護者が就学先を決定する。

3章　相談・支援を求めるとき

●就学相談で準備する物は?

　予約時に指定されると思いますが、それ以外にも、お子さんのこれまでの育ちの過程がわかる物を準備するといいでしょう。また、相談したい内容をあらかじめメモしておくとスムーズです。

> **相談時に持参するとよい物(例)**
> ●母子手帳や療育手帳（あれば）
> ●療育機関に通っていれば療育の記録
> ●園の連絡帳
> ●各種検査結果　　など

　なお、通っている園には就学相談に来たことを言わないでほしいという人もいます。相談を受ける側としては、園と連携できたほうが園でのようすがわかりやすいのですが、内緒にしたいということはそれなりの理由があるのだと思います。園との連携なしで相談を進めることもできるので、気がねせず正直な思いを伝えてください。

●学校・学級の種類と支援体制は?

　現在の学校教育システムには、特別な支援を必要とする子どもの学びの場として、「通常の学級に在籍しながら通級による指導を受ける」「特別支援学級」「特別支援学校」という3つの選択肢があります。それぞれの学校・学級の特徴は次ページに示しました。

　ただ、各地域、学校によって内情は異なります。例えば、通常の学級でも個別の配慮が行き届いている所もあれば、あまり期待できないという所もあります。学校・学級の名称だけで判断せず、実際に見て確かめることが大切です。

　なお、特別支援学級のうち自閉症・情緒障害児学級は数がとても少ないため、住んでいる地域にないという場合もあります。そうなると知的障害はないけれど特別支援を受けたいと思っている場合、適切な学級・学校が見つからない……という課題があります。

学校で受けられる支援

特別支援学校

心身に障害のある児童生徒が対象。小・中学校に準ずる教育を行うとともに、障害による学習上・生活上の困難を克服し、自立を目ざした支援も。小・中学校の通常の学級と交流及び共同学習を行うこともある。

交流及び共同学習

小・中学校

特別支援学級

心身に障害または発達に偏りのある児童生徒が対象。小・中学校に置かれ、少人数（上限8人／級）に複数の担任が配置。「知的障害児学級」と「自閉症・情緒障害児学級」などがあり、通常の学級との交流や共同学習の機会も。

〈知的障害児学級〉
知的発達の遅れがあり、人との意思疎通や生活・社会適応に困難のある児童生徒が対象。小集団・個別の教育を行う。

〈自閉症・情緒障害児学級〉
知的な遅れのない発達障害のほか情緒障害のある児童生徒が対象。それぞれの発達状況に応じた指導が行われ、情緒障害には、安心できる雰囲気の中で情緒の安定のための指導を行う。

交流及び共同学習

通常の学級

発達の偏りがあり支援の必要な子どもには、可能な範囲で特性に応じた支援や環境整備を行う。補助教員や支援員による個別支援を行うことも。特別支援学級に在籍しながら、一部の教科のみ通常の学級で受けることもある。

通級

通級による指導（通級指導教室）

通常の学級に在籍しながら、週に1回半日程度通常の学級から離れて通う。それぞれにある発達課題に合わせた指導を中心に、小集団または個別で行う。小集団では主にソーシャルスキルに関する指導を行い、個別には、認知力や学習スキルの習得が中心。

●学校見学では座学と活動的な授業の両方を見て

普段の授業風景を見られるよう学校側にお願いしましょう。その際、教室で席に座って行う学習と、体育など集団で行う活動的な授業と両方のパターンを見学できるといいでしょう。この教室環境で40分以上座っていられるかな？ このように大勢でざわざわした環境に耐えられるかな？……など、その場にわが子がいることを想像してみると、具体的にイメージできます。

中には、先生の指導法を重視するという人もいます。ただ、この先生の指導がすばらしい！と思っても、入学して、直接その先生の指導を受けられるとは限りません。あまり個人的、部分的なところで学校を評価せず、5年後、10年後も変わらないだろうことを重点的に見ていくようにしましょう。

ちなみに、3、4歳のころから学校見学を始める人もいますが、子どもの成長にともなって見る視点も変わってきます。希望する就学先が絞られてきたら、以前見学した所でもあらためて見学したほうがいいでしょう。

●お子さんの学びの場として何が必要かを考えて

就学先を決める場合もまた、今、わが子がこの学習の場に入ったとして、どんな困難があるかを具体的に考えるのがいいでしょう。例えば、園で保育者の話を聞くときに最後まで座っていられないという場合は、通常の学級の30人以上の集団より特別支援学級の少人数での学習のほうがいいかもしれない。もしくは、個別にサポートが付く環境があれば

通常の学級でも大丈夫かもしれない……といったことです。

　トータルのIQとしては基準値を超え、知的障害があるとはいえないけれど、ある部分だけ著しく落ち込むという場合、教科によって通常の学級では難しいこともあります。その場合は、特別支援学級に在籍して、苦手教科はそこで学び、それ以外は通常の学級で学ぶというように、幅をもたせることも可能です。

●就学後に、転級・転学も可能です

　就学後も、学習の場はその後の状況を見て変更することができます。

　例えば、1、2年生は特別支援学級で少人数集団の中で学びながら、集中した学習態度が整ったところで、3年生から通常の学級に転級ということもあります。また、前述の通り、特別支援学級に在籍しながら教科によって通常の学級で受ける、という交流及び共同学習もあります。

　途中で大きな集団に移るのは大変そうなので、最初から通常の学級で、と思う人もいますが、どちらかというと低学年のうちに少人数でしっかり指導を受けたうえで、通常の学級に……というほうが適応はスムーズなことが多いようです。

●学校には、こんなことを伝えて

　就学が決まって、学校側と面談の機会があれば、お子さんのありのままの姿を伝えましょう。集団場面での話を聞く態度はどうか、トイレや食事、着替えなど生活習慣の自立はどうか、など、学校生活にかかわる子どもの姿を、具体的に話します。

　また、かかわり方のコツがあればそれも伝えてみましょう。学校として、できる支援とできない支援があるので、「こうしてください」といったお願いではなく、「こうするとうまくいくようです」と、やんわり伝えるのがいいでしょう。具体的にどうしていくかは学校側にお任せする……というスタンスで話すと、学校側も構えずに聞くことができます。

　また、親として、こんな学校生活を送ってほしい、こんなことが不安……といった正直な思いも、スタートの段階で伝えておきましょう。

学校での支援は

　通常の学級にも特別な支援を必要とする児童が多くいることが認識された今、小・中学校ではさまざまな形で支援体制を整えています。お子さんの通う学校では、どんな人がどんな相談に乗ってくれるのか……確認しておくと安心です。

●こんな支援者がいます

　学校内には、担任の先生以外にもさまざまな支援者がおり、配慮を必要とする子どもたちをサポートしています。

●特別支援教育コーディネーター　〜校内の特別支援教育の中心的存在です〜

　教職員の中から選出され、校内委員会（下記）の中心的役割を担っています。学校内の特別支援教育をリードする存在として、保護者からの相談を受け、必要に応じてさまざまな専門機関につなぎ、連携しながら支援を進めてもらうことも可能です。

校内委員会とは

　特別な配慮を要する子どもたちのため学校内に設置された支援体制。特別支援教育コーディネーターを中心に、校長、教頭、養護教諭、スクールカウンセラーなどから構成されています。主に以下のような役割を担っています。
- ●実態把握…配慮を要する子ども1人1人の実態を把握し、共通理解を図る
- ●支援策を提示…校内での支援策や環境整備について具体的に話し合い、実行する
- ●支援計画の作成支援…個別の教育支援計画※作成における支援を行う
- ●学級担任への指導アドバイス
- ●家庭や地域、専門機関との連携、理解に向けた啓発活動
- ●専門的知識や情報の収集・研修会の開催　　など

※個別の教育支援計画…他機関との連携を図るための長期的な視点に立った計画。障害のある子ども1人1人について、乳幼児期から学校卒業後までの一貫した長期的な計画を関係機関と連携しながら学校が中心となって作成。作成にあたっては保護者の意見を積極的に聞くことが求められる。

●特別支援教育支援員　〜子どもの苦手な部分を助けてくれます〜

　支援を要する子どもに対して、校内および校外活動において、学習や行動面の個別支援を行います。自治体・学校によって支援内容はさまざま。就学後に学校の判断で配置される場合と、就学相談時に必要とみなされて配置される場合とがあります。ただ、現状として1対1で支援員がつくことは少なく、複数人の子どもを1人の支援員が見ているケースが多くなっています。

　具体的には、授業中に学用品の置き場を整えたり、読み取りが苦手な子に黒板の字を読み上げたり、教室を飛び出してしまう場合は付き添って危険のないよう見守りながら教室に戻れるよう導いたり、それぞれ苦手な部分をサポートし、自立を促すことを目的としています。修学旅行など校外学習に付き添うこともあります。基本的に個別のサポートなので、子どもと支援員との信頼関係を築くことがとても重要になります。

●スクールカウンセラー　〜心の専門家として相談に応じてくれます〜

　小・中学校に非常勤職員として派遣されているため、毎日いつでも学校にいるわけではありません。多くは臨床心理士の資格をもつ心理の専門家で、保護者や教職員、児童生徒の相談、支援を行っています。支援の中心は、いじめや不登校など学校における子どもの行動の問題ですが、発達障害や子育てに関すること、それにまつわる保護者自身の悩みについても、相談に応じてもらえます。

　直接学級とかかわってはいないので、担任の先生に言いにくいことを相談したり、学校と保護者の間に入って調整役となってもらったりということも可能です。

●通級指導や特別支援学級の担当教員　〜よき理解者として親子とも、頼りになります〜

　通級による指導（P.191参照）を受けている、もしくは特別支援学級に在籍している場合、担当の先生が、親子にとって強力なサポーターになることが多くあります。お子さんの特性をよく理解し、適切なかかわり方を知っているので、家庭での子育てについてアドバイスをもらえることも多いでしょう。また学級担任の先生と連携して、通常の学級での授業について、「こんなふうにするといいのでは？」と提案やアドバイスをしてくれることもあります。

将来の進学、就労は？

　本書は小学校低学年までの子どもを中心にしているため、中学校以降については詳しく述べていません。ただ、発達が気になるお子さんをもつ親御さんの中には、高校、大学、就労、結婚……と、常に先のことを考えている人も多くいます。高校はどこにしよう、大学は行けるのか、就職はできるの？　など、今後さまざまな選択に迫られると思いますが、大切なのはそのときのお子さんの姿です。今、お子さんの特性に合わせて適切な支援を行っていれば、さまざまな力が伸び、できることも増えていきます。各段階における選択肢も変わってくるでしょう。また、教育や福祉など社会的な状況や法整備も、日に日に変わっています。今は不可能なことが10年後にはできて当たり前になっている……ということも十分考えられるのです。ですから、ある程度の見通しは知識としてもったうえで、今、必要な支援・かかわりを大切にしていきましょう。

●これからの進路を決めるとき

　小学校は親御さんが決めても、中学校以降の進路は本人の思いを大切に、一緒に考えていくようにしましょう。
　各段階で相談できる相手を作ることも大切です。

		だれに相談？
中学校進学	同じ学区内であれば小学校での支援内容は中学校に引き継ぐことができます。なお、中学校進学を機に、転級・転校することも考えられます。	教育委員会（教育相談）、学級の担任、特別支援教育コーディネーター、スクールカウンセラー、主治医　など
高校進学	全日制だけでなく、定時制・単位制・通信制など、さまざまな形態があり、選択肢が広がります。	
大学進学	受験において発達障害の特性に応じた配慮がされる場合があり、入学後も学生相談室など支援を受けられる場があります。	
就　労	発達障害があっても、自分の得意をうまく生かして仕事をしている人は多くいます。障害のある人と就労先をつなぐジョブコーチによる支援を受けることも。	地域障害者職業センター・公共職業安定所（ハローワーク）など

4章

家族で支えるために
家族間の連携

発達の気になる子どもを育てていくうえで、
家族の連携は欠かせません。
家族のよい関係を保ちながら、支え合い、
ともに子育てをしていくために
大切なことをまとめました。

自分自身のケア・サポート

　自分自身のケア……ここでいう自分とは、子育ての中心で頑張っている親御さん。多くはお母さんでしょう。ここでは、主にお母さん自身の支援、サポートについて考えていきます。

●発達障害のある子の親特有の悩みがあります

　子育て中の親であれば、だれもが育児の悩み、ストレスを抱えていますが、中でも発達障害のある子どもの場合、特有の「育てにくさ」があります。また、わかりづらい障害であるがゆえ周囲に理解されにくく、その悩みを共有できる人が身近にいない。結局1人で頑張ってしまっているというお母さんも少なくありません。

こんな悩みを抱えています

★子どもの育ちが心配
- 発達障害ではないか？と心配
- 発達が遅れている、成長が見えない

★育児に自信がもてない
- 子どもがかわいいと思えない
- どうかかわっていいのかわからない
- ついしかってしまう。虐待するのではと心配

★自分の心身の状態が不安
- 毎日の家事や子育て、悩み事で疲労困ぱい
- イライラしたり、急に涙が出たり、情緒不安定
- 相談相手がいない

★診断されたことでの不安
- 自分のせいではないかと思う
- 家族や本人にどう説明するか悩む
- いじめや不登校が不安
- 将来が見えなくて不安

★家族の理解が得られない
- パートナーが非協力的
- 育て方が悪いと責められる

★周囲の理解が得られない
- 保育者や先生から注意される
- 子どもの行動についてクラスの保護者に責められ、関係が悪くなる
- 外出先、親せきの集まりでの冷たい視線

Column　こんな思い、どうしたらいい？

Aさんの思い ── 子どもがかわいいと思えない

　困った行動ばかりで、子どもがかわいいと思えない。ついつらく当たって、思わずたたいてしまうことも……その後必ず自己嫌悪に陥ります。

Answer

　こうした気持ちや状況は、実はだれにでもあることです。まずは、そのことで自分を責めないようにしてください。そして少し気持ちに余裕のあるときに、自分の気分の波をつかんでみましょう。どんな時間帯がイライラしやすいか、子どもに厳しくなってしまうか。それをつかめたら、そのときの予防策を立ててみます。イライラの時間帯には好きな音楽を聴く、アロマをたく、あえてコーヒーブレイクを入れてみる……そして、たたいてしまいそうなときは、だれかに電話やメールをしてみる、など。気持ちの波とうまくつきあうコツを見つけられるといいですね。

Bさんの思い ── 周囲に理解されなくて、つらい……

　周囲に障害とわかってもらえず、しつけがなっていない、なんて自分勝手な子なんだと言われ、落ち込みます。

Answer

　わかってもらえるのは、10人に2人くらい……そう考えられたら楽になります。わかってもらえない人はできるだけスルーし、お子さんの多様性、お母さんの気持ちを理解してくれる人を探して気持ちを伝えてみましょう。黙って聞いてもらえるだけでも少し落ち着きます。

　もう少し積極的に理解を、と考えるのなら、「わたしも、自分の対応が悪いとずっと悩んできたけれど、発達障害ということがわかったの。本人の努力不足やしつけの問題でないということが明らかになったので、ご迷惑をかけることもあるけれど、サポートしてもらえると助かります」と冷静に伝えてみましょう。それによって理解して、心強いサポーターになってくれる人もいるはずです。

（回答　藤原里美）

●身近なサポーターを探しましょう

　大変な子育てを1人で頑張り、悩みを抱え込んでいると、必ずどこかで無理が出ます。頑張りすぎてダウンしてしまわないよう、身近の信頼できるサポーターを見つけることが大切です。

　サポーターといっても、ただ話を聞いてほしいという場合から、専門的なアドバイスがほしいというケースまでいろいろ。これらすべてを1か所、1人でケアしてもらえるならいいですが、なかなかそうもいきません。

　そこでまず、今、自分の周りのサポーターになり得る人を書き出してみましょう。意外と多くいるのではないでしょうか。そして、それぞれにどんな場面で頼りになるのか、具体的に考えてみます。共感してほしいときにはママ友や親の会、自分がいやされたいなら一時的に子どもを預けて自分自身のリフレッシュ……といった感じです。なおサポーターは子どもの成長に伴い、少しずつメンバーが入れ替わっていきます。

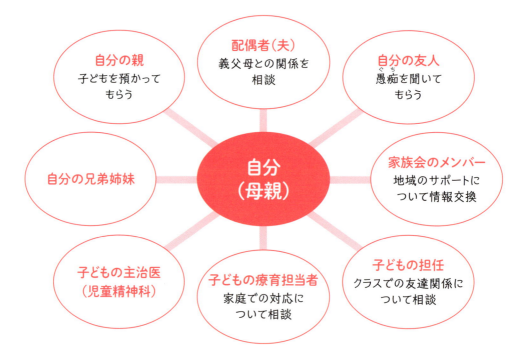

自分の周りのサポーターを書き出し、今の悩みや相談事についてだれに頼ったらよいか、記入してみる（上記は一個人の例）。

●子どもの発達障害への理解のある人に

　お母さんの悩みや不安のベースには、子どもの発達障害があります。そのため、一般的な子育て相談に行ってもなかなか悩みの根幹を理解してもらえないということも多いでしょう。自分自身の相談をする場合でも、なるべく子どもの発達障害に詳しい人、理解のある人にお願いするようにしましょう。

　なかなか「この人！」という相談相手・サポーターに出会うのは難しいかもしれません。でも、いい相談相手が見つかれば、それだけで悩みの8割は解消するという人もいます。自分自身の健康のためにも、この相談相手探しは、ちょっと頑張ってほしいと思います。

●自分自身に障害があるのでは?と思ったら

　子どもの支援をしていく中で、自分自身も同じような傾向があるのでは？と思う親御さんが多くいます。子どもの支援を行っている所で、親の支援も行えるのがベストですが、それが無理な場合は、まず子どもの主治医に相談をし、適切な医療機関などを紹介してもらいましょう。子どもの支援を行う機関と連携できる病院を紹介してもらうと、互いの情報交換をしながら、支援を進めることも可能になります。

　発達障害以外にも、育児疲れからのうつや、睡眠障害に陥ってしまうことがあります。子どもの主治医や信頼できるサポーターに相談して、医療機関を受診するようにしましょう。ただ、この場合は本人が気づかないケースが多いので、家族や周囲の支援者が気づいてあげることが大切です。

こんなサポートも活用して

★レスパイト事業
乳幼児や障害児・者、高齢者などのいる家族のケアを一時的に代替します。冠婚葬祭や家族の急病・用事のあるときだけでなく、家族自身がケアから離れてリフレッシュするために大いに活用してほしいもの。自治体の福祉担当窓口で尋ねてみましょう。

★利用者支援事業
2015年導入の「子ども・子育て支援新制度」により立ち上げられた事業。地域の子育て家庭への支援を充実させるため、専門の職員を「地域子育て支援拠点（子育てひろば）」などに配置して子育てに関する相談を受け付ける態勢作りが進んでいます。相談内容に応じて専門機関を紹介してくれることもあり、発達の気になる子どもを抱える親にとって心強い存在として期待できます。

家族間の連携を図るには

　発達障害や支援の必要な子どもがいる場合、家族の理解、連携が大切になりますが、子どもが多様なのと同様、家族にも、それぞれの考え、感じ方があります。どう連携していけばよいのでしょうか。

●互いのタイプを知り、考えを尊重し合って

　家族間で意見が食い違うのはある意味当然。あまり同じ思いにしようと頑張りすぎず、それぞれの思いや考えを尊重しながら協力できる方法を考えましょう。
　大事なのは、家族それぞれのタイプを知ること。考え方、感じ方のタイプに合わせたコミュニケーションのコツのようなものがあるのです。右記のチェックを試してみましょう。自分や家族のタイプを知り、連携や対応の参考にしてください。

●第三者を交えて

　なお、家族だけでは、どうしても感情的になりがちです。なかなか理解が得られない場合は、第三者、できれば医師や療育のスタッフなど子どものことをよく知る専門家に入ってもらいましょう。
　発達障害に詳しい専門家は、だれもが家庭支援を重要に考え、家族間の調整についても適切な対応のノウハウをもっています。家族にも、それぞれに合った説明の仕方で、丁寧に話してくれるはず。日ごろあなたが相談をしていて信頼のおける専門家であれば、安心して頼ってよいと思います。
　専門家なら、会って少し話せば、相手がどのようなタイプかだいたい理解できると思いますが、あなたからの事前の情報がとても参考になります。子どものことを相談したときの反応や、日ごろの子どもへの向き合い方など、家族それぞれが、発達障害や子育てに関してどんな考えをもっているのか、あらかじめ伝えておくとよいでしょう。

やってみよう！

あなたはどのタイプ？

当てはまると思う項目にチェックを入れてください。他者をチェックする場合は、あなたから見てどうかというチェックでOKです。

A
- ☐ たくさんの人とわいわい騒ぐのはストレスを感じる
- ☐ あまり自己主張をしないほうである
- ☐ 物静かですねと言われる
- ☐ 人見知りである
- ☐ 静かな場所でのんびりすることを好む
- ☐ 物事は丁寧にじっくり取り組みたいと思う
- ☐ 石橋をたたいて渡るタイプだと思う
- ☐ 頑固だと言われる
- ☐ くよくよといつまでも悩むことが多い

B
- ☐ 1人より大勢で盛り上がって楽しみたい
- ☐ 自分の考えや気持ちを人に話すのが好き
- ☐ 人の話を聞くより、自分が話すほうが好き
- ☐ 初めての人とでもすぐに打ち解けることができる
- ☐ 屋外やレジャー施設でアクティブにあそぶのが楽しい
- ☐ 大勢で協力して作業したいと思う
- ☐ 当たってくだけろタイプだと思う
- ☐ 周囲の意見に影響されやすい
- ☐ 嫌なことがあっても一晩寝れば忘れられる

Aに多くチェックが付く場合は内向タイプ。Bが多い人は外向タイプ。 チェック数の差がより大きいほど、その傾向は強いと考えます（数にあまり差がない、ほぼ同じという場合は、両方の傾向があるということ）。

	内向タイプ	外向タイプ
子どものようすを伝えるときは	理論的・科学的に物事をとらえる傾向があるため、エピソードより、脳機能の話など科学的な情報から伝えるとよい。また専門家から話すと受け入れやすいということも。	共感的に物事をとらえる傾向があるため、子どもがどんなことに困っているのか、エピソードを通して伝えるとよい。実際の子どもの姿を通して、そのつらさを理解しやすくなる。
子どもとのかかわり方は	共感的にかかわるのは苦手なので、物を介したあそびでかかわるとよい。あそびを通して子どもに親へのあこがれの気持ちが芽生え、関係がよくなることも。	子どもとのかかわりは得意なタイプ。ふれあいやおしゃべりなど共感的にかかわったり、外で体を動かしたり、子どもの興味に合わせて。衝動的、感情的にならないように留意。

4章 家族で支えるために

パートナー（配偶者）との関係

　育児に積極的なお父さんが増えたとはいえ、まだ子育ての中心はお母さんになりがち。発達特性や障害の話をしたくても、聞く耳をもたない、協力を得られない、という悩みは多く聞かれます。

●内向タイプには論理的に、外向タイプには共感的に

　P.203のタイプでいうと、お父さんは比較的内向タイプが多いようです。その場合は科学的な説明のほうが納得しやすいので、子どもの発達のことを伝えたいときは、専門書を見せるとともに、子どもの通う医療機関に一緒に行き、医師や療育の担当者から直接話してもらうとよいでしょう。お母さんが話したことと同じ内容でも、専門家から聞くとすんなり受け入れられる人も多くいます。

　一方、外向タイプの場合は、子どもの困っている状況や気持ち、そして努力していることを、子どもの立場で伝えましょう。そのうえで、お父さんが上手に子どもに接している場面を見つけてほめます。お父さんが大切な役割を担っていることを強調し、育児のパートナーとして頼りにしていることを伝えてください。

●「お父さんとだから楽しいこと」を見つけて

　子どもをあやしたり、スキンシップをとったりするのが苦手で、赤ちゃんのころはまったくかかわりをもたなかったというお父さんは結構います。そのまま関係を築き損ねていることもありますが、4、5歳になれば、お母さんよりお父さんとのほうが楽しめることもたくさんあります。スポーツやゲームなど、父と子で興味・関心の一致するものを探し、そこから関係を作っていくといいでしょう。少しでも一緒にあそぶことができたら、お母さんから子どもに、「お父さんと一緒にあそべてよかったね」「お父さんはゲームが上手だから、一緒にあそぶと楽しいでしょう」などと声をかけていきましょう。

初めはそばにいるだけで、会話もない、ということもありますが、それでもOK。

ただ、互いに無理は禁物。子どもには、「嫌になったり、イライラしたときには、お母さんがちゃんと受け止めるから」ということも伝えておきましょう。

●子どもが変わるとお父さんも変わる

お母さんがうまくかかわり子どもが変わっていくようすを見て、「こうすればいいのか」と気づくお父さんもいます。いくら言っても聞く耳をもたなかったのに、子どもの変化を見たら一目瞭然。「こういうふうにかかわって」と教えたり、言い聞かせたりすることに頑張りすぎず、お母さん自身が適切な対応を学んで、モデルで示していくことも大事です。

●同じ傾向がある? と感じたら

子どものことを学ぶうち、そういえば、パートナーにも同じ傾向が……と気づくことは結構あります。子どもの特性を知って、「自分もそうだったから、大丈夫。なんとかなるさ」とおおらかに構えてくれたらまだよいのですが、中には、「自分もそうだったけど、支援を受けずにやってきた。お前だってできるはず」と言って、子どもを追いつめてしまう人も。

このような場合、本人の子どものころの話を聞くことでわが子への理解が進むということがあります。同じような特性がありながら、特別な支援を受けずに頑張ってきたのだとしたら、「相当努力したのでしょう?」と、理解を示したうえで、「こんなふうにしてもらったら、助かったと思うことはない?」「周りにどんなふうにしてもらいたかった?」と聞いてみましょう。そこで、実は自分も支援が必要だった、子どものころにこんな支援があったら、もっと楽だったかも……と気づくことができたら、子どもを見る目も変わってくるでしょう。

お母さんの中には、お子さんへの支援で学んだことをパートナーに置き替えてやってみたら、すごく関係がよくなった。つきあい方がわかった、と言う人もいます。もちろん子どもと大人とでは同じようにはいきませんが、子どもの支援をしている機関で相談してみるのもいいでしょう。

祖父母との関係

　祖父母の理解を得られないという場合、基本的にはパートナーと同じで、それぞれの考え方やコミュニケーションのとり方のタイプに合わせて話をしていくことが大切です。ただ、それに加えて世代間のギャップも考慮する必要があるでしょう。

●専門家から話してもらうほうがよいことも

　ご自身が子育てをした時代と今とではさまざまな状況が変わっている、そのことを理解してもらうのはなかなか大変です。相手が義父母であればなおのこと、気を遣って話せないという事情もあります。できれば、子どもが通う病院や療育の場に来てもらい、信頼できる医師やスタッフから直接話してもらうほうがよいでしょう。

●子どもを預けるときには、育児ファイルも一緒に

　対応の難しい子どもなので祖父母や親せきに預けるのが不安……という声をよく聞きます。この場合、まずは子どもを知ってもらうことが大切。そのためにも、育児ファイルを作ることをお勧めします。子どもの性格や好きなあそび、行動の特徴や対応のコツなどを写真入りでまとめ、園や療育機関などでもらう資料もそのままファイリング。育児日記をつけたりアルバムを作ったりする感覚で、楽しみながら作ってみましょう。

　そして、祖父母や親せきに子どもを預けるとき、このファイルを一緒に渡します。孫や甥・姪のアルバムとして見るだけでも楽しいですが、困ったときの対応も具体的に書かれているので、預かった人にとってとても役立つ情報になります。「どんな子どもなのか」「どうやってかかわったらいいのか」がわかり、今まで以上にかわいく思えるようになったという人もいます。

　さらには、入園・入学や受診の際など、子どものようすを伝えるさまざまな場面で活用できます。大切な個人情報でもあるので、各場面で必要な部分だけをピックアップして提示するといいでしょう。

　なお、この育児ファイルは、障害のある子どもだけでなく、すべてのきょうだいの分を同じように作りましょう。どの子も「自分が大事にされている」感覚をもつことがとても大切です。

育児ファイルを作ろう

　作り方に決まりはありませんが、A4サイズのポケットクリアファイルが便利で簡単。自分で記録をまとめるときも、A4サイズの紙で作り、ファイルの中に入れていきます。園や療育機関でもらうお便りや検査結果・記録などもA4サイズが多いので、そのままファイリングできて便利です。

子どものかいた絵や折り紙などの作品も、大切な成長の記録。

園や医療機関でもらう手紙や、検査結果・経過記録はそのままファイリング。担当者からのメモは直接はっておいても。

最初のページには、子どものプロフィールを写真入りで。

だれかに預けるときは、どうしても読んでほしい所に付せんをつけておくとよい。

一時保管ボックスを作り、とりあえずなんでもここに入れるようにするとラク。入れる際、日付だけは記入して。時間のあるときに箱からピックアップしてファイリングする。

※こういうことが得意でとても凝った物を作る人もいますが、無理のない範囲で。気づいたとき、何かあったときにちょっとずつ加えていけばOK。くれぐれも頑張りすぎないように。

4章　家族で支えるために

きょうだいとの関係

　発達障害のある子どものきょうだいには、特有の悩みがあります。
　多いのは、親のかかわりが、きょうだいと比べて希薄に感じる、不公平、という思い。親としても、障害のある子のほうに割く時間がどうしても多くなり、心苦しく感じている人は少なくないでしょう。

●その子どもとだけかかわる時間を

　子どもとのかかわりは量より質と考え、そのきょうだいと2人だけの時間を作るように努めましょう。例えば、お誕生日はあなたと2人で出かけます、土曜日の午後は……きょうだいが療育に行っている間に……など、しっかり予定を組んで、生活サイクルの中に定着させるのです。「今度ね」「手が空いたらね」では、いつ自分のことを見てくれるかわからないので、子どもはとっても不安になります。予定を組んで、必ず実行する。子どもとの約束を守って不安にさせないことが大切です。

●いつでもきちんとこたえられるよう準備を

　急に怒ったり、勝手な行動をしたりするきょうだいを見て、どうしてこの子はこうなんだろう……と、理由がわからずもやもやしています。「どうして○○ちゃんだけ、療育に行くの?」「なんでパニックになるの?」など、自分と違う行動に対して質問されたら、はぐらかさずに、きちんと答えていきましょう。あやふやに応対すると、家族の中で、自分だけ仲間外れ、ないがしろにされていると感じてしまうことがあります。子どもの理解度に合わせて説明するようにしましょう。
　なお、親としては、いつ聞かれても慌てずにこたえられるように準備しておくとよいですね。

あなたは人の気持ちがよくわかるけど、○○はそこが少し苦手だよね。でも、一度決めたことはきちんと守るいいところもあるよね。

みんなに得意と苦手があるけど、○○の苦手なところについては、ちょっとほかの人の助けが必要なの。

● 親の対応を見ています

　きょうだいは、親がどうかかわっているのかを、とてもよく見ています。お父さんお母さんが、子どもの特性を理解し、大切に育てていることが感じられるように、態度で示していくことも大事です。親が偏見なく子どもに接していると、きょうだいにも自然と、その意識が受け継がれます。

　また、特性に合わせたかかわり方なども、親の言葉かけ、対応を見て、同じようにかかわっていきます。子どものほうから、「こんなときはどうしたらいいの?」「今、お母さんはどうしてこうしたの?」など聞いてくることもあります。わかりやすく丁寧に説明していきましょう。ときには、「○○は、こういうところがあって、お姉ちゃん、大変でしょ」など、こっそり本音で語り合うのもいいでしょう。同じサポーター同士、共感し合い、ねぎらうことも大切です。

お人形を並べ直すまで 声をかけないようにしているのよ

● きょうだい支援のプログラムを活用して

　障害のある子どものきょうだい、ということでいろいろな思いを抱えながらも、本音を語る機会はほとんどありません。しかし、きょうだいにも、思いを打ち明け、受け止めてもらう場や相手が、絶対に必要です。

　NPO法人や民間の団体で、きょうだいの支援を専門的に行っている所があるので、活用してみましょう。それぞれ支援の内容は異なりますが、障害のある子のきょうだいにしかわからない悩みを打ち明けたり、相談したりするプログラムが基本です。親の会の中でそういう取り組みを取り入れている所もあります。療育機関や病院、インターネットなどで探してみるとよいでしょう。

Column　家族会を活用して

　家族間の連携がうまくいかない……というとき、頼りになるのは、同年代の子どもを抱えた保護者仲間です。ところが、子どもに障害がある、また発達が気になる、という場合、その悩みは園や学校の保護者とはなかなか共有できないということがあるようです。そんな場合は、1人で悩まず、家族会（親の会）や支援団体にアクセスしてみましょう。同じような悩みを抱える親同士で語り合い、交流を通してさまざまな情報交換もできます。

　家族会や支援団体は全国各地にたくさんあり、家族支援を目的としたＮＰＯ法人や任意団体も増えています。住んでいる地域の子育て支援センターや療育機関などで尋ねてみましょう。インターネットで「発達障害」「○○障害」「親の会」といったキーワードから検索してみるのもいいでしょう。

　家族会の中には、ある発達障害に特化している所もあれば、会の名称に障害名が付いていながら実情としてはその障害に限定していない所もあり、診断されていなくても参加できる所もあります。活動内容も、保護者同士の交流が中心の所や講習会や勉強会を積極的に行っている所などさまざま。一度行ってしっくりこなかったら無理せず、また別の所へ……といった気軽な気持ちで参加し、自分に合った場を見つけてください。毎回参加できなくても、自分自身を出せる、ほっとできる、そんな場があると思うだけで、気持ちがずいぶん楽になります。

　なお、家族会の中には、お父さん中心の会や、きょうだいサポートを行っている所もあります。お母さんだけでなく、家族全員のサポートの場として活用できるといいですね。

〈家族会で行う活動例〉
・保護者同士、悩みや相談事をざっくばらんに話し合う
・家族同士の交流の場として行うイベントや行事
・専門家を招いて行う講習会・勉強会
　（テーマは、発達障害について／専門的な療育を学ぶ／
　　子どもへのかかわり方を考える　など）

〈資料〉

診断基準・判断基準

本書で紹介している発達障害のうち、自閉症スペクトラム障害(ASD)、
注意欠如多動性障害(ADHD)の診断基準と、
学習障害(LD)の判断基準を載せました。
1章の各障害別の解説とあわせてご覧ください。

ASDの診断基準（DSM-5）

自閉スペクトラム症／自閉症スペクトラム障害

A. 複数の状況で社会的コミュニケーションおよび対人的相互反応における持続的な欠陥があり、現時点または病歴によって、以下により明らかになる（以下の例は一例であり、網羅したものではない；本文参照）。
   (1) 相互の対人的-情緒的関係の欠落で、例えば、対人的に異常な近づき方や通常の会話のやりとりのできないことといったものから、興味、情動、または感情を共有することの少なさ、社会的相互反応を開始したり応じたりすることができないことに及ぶ。
   (2) 対人的相互反応で非言語的コミュニケーション行動を用いることの欠陥、例えば、まとまりのわるい言語的、非言語的コミュニケーションから、アイコンタクトと身振りの異常、または身振りの理解やその使用の欠陥、顔の表情や非言語的コミュニケーションの完全な欠陥に及ぶ。
   (3) 人間関係を発展させ、維持し、それを理解することの欠陥で、例えば、さまざまな社会的状況に合った行動に調整することの困難さから、想像上の遊びを他者と一緒にしたり友人を作ることの困難さ、または仲間に対する興味の欠如に及ぶ。

B. 行動、興味、または活動の限定された反復的な様式で、現在または病歴によって、以下の少なくとも2つにより明らかになる（以下の例は一例であり、網羅したものではない；本文参照）。
   (1) 常同的または反復的な身体の運動、物の使用、または会話（例：おもちゃを一列に並べたり物を叩いたりするなどの単調な常同運動、反響言語、独特な言い回し）。
   (2) 同一性への固執、習慣への頑ななこだわり、または言語的、非言語的な儀式的行動様式（例：小さな変化に対する極度の苦痛、移行することの困難さ、柔軟性に欠ける思考様式、儀式のようなあいさつの習慣、毎日同じ道順をたどったり、同じ食物を食べたりすることへの要求）。
   (3) 強度または対象において異常なほど、きわめて限定され執着する興味（例：一般的ではない対象への強い愛着または没頭、過度に限局したまたは固執した興味）。
   (4) 感覚刺激に対する過敏さまたは鈍感さ、または環境の感覚的側面に対する並外れた興味（例：痛みや体温に無関心のように見える、特定の音または触感に逆の

反応をする、対象を過度に嗅いだり触れたりする、光または動きを見ることに熱中する）。
C. 症状は発達早期に存在していなければならない（しかし社会的要求が能力の限界を超えるまでは症状は完全に明らかにならないかもしれないし、その後の生活で学んだ対応の仕方によって隠されている場合もある）。
D. その症状は、社会的、職業的、または他の重要な領域における現在の機能に臨床的に意味のある障害を引き起こしている。
E. これらの障害は、知的能力障害（知的発達症）または全般的発達遅延ではうまく説明されない。知的能力障害と自閉スペクトラム症はしばしば同時に起こり、自閉スペクトラム症と知的能力障害の併存の診断を下すためには、社会的コミュニケーションが全般的な発達の水準から期待されるものより下回っていなければならない。

　　注：DSM-Ⅳで自閉性障害、アスペルガー障害、または特定不能の広汎性発達障害の診断が十分確定しているものには、自閉スペクトラム症の診断が下される。社会的コミュニケーションの著しい欠陥を認めるが、それ以外は自閉スペクトラム症の診断基準を満たさないものは、社会的（語用論的）コミュニケーション症として評価されるべきである。

出典／日本精神神経学会（日本語版用語監修）、高橋三郎・大野裕監訳『DSM-5精神疾患の診断・統計マニュアル』p.49～50、医学書院、2014

ADHDの診断基準（DSM-5）

注意欠如・多動症／注意欠如・多動性障害

A. (1)および／または(2)によって特徴づけられる、不注意および／または多動性−衝動性の持続的な儀式で、機能または発達の妨げとなっているもの：
   (1) 不注意：以下の症状のうち6つ（またはそれ以上）が少なくとも6カ月持続したことがあり、その程度は発達の水準に不相応で、社会的および学業的／職業的活動に直接、悪影響を及ぼすほどである：

   注：それらの症状は、単なる反抗的行動、挑戦、敵意の表れではなく、課題や指示を理解できないことでもない。青年期後期および成人（17歳以上）では、少なくとも5つ以上の症状が必要である。
   (a) 学業、仕事、または他の活動中に、しばしば綿密に注意することができない、または不注意な間違いをする（例：細部を見過ごしたり、見逃してしまう、作業が不正確である）。
   (b) 課題または遊びの活動中に、しばしば注意を持続することが困難である（例：講義、会話、または長時間の読書に集中し続けることが難しい）。
   (c) 直接話しかけられたときに、しばしば聞いていないように見える（例：明らかに注意を逸らすものがない状況でさえ、心がどこか他所にあるように見える）。
   (d) しばしば指示に従わず、学業、用事、職場での義務をやり遂げることができない（例：課題を始めるがすぐに集中できなくなる、また容易に脱線する）。
   (e) 課題や活動を順序立てることがしばしば困難である（例：一連の課題を遂行することが難しい、資料や持ち物を整理しておくことが難しい、作業が乱雑でまとまりがない、時間の管理が苦手、締め切りを守れない）。
   (f) 精神的努力の持続を要する課題（例：学業や宿題、青年期後期および成人では報告書の作成、書類に漏れなく記入すること、長い文章を見直すこと）に従事することをしばしば避ける、嫌う、またはいやいや行う。
   (g) 課題や活動に必要なもの（例：学校教材、鉛筆、本、道具、財布、鍵、書類、眼鏡、携帯電話）をしばしばなくしてしまう。
   (h) しばしば外的な刺激（青年期後期および成人では無関係な考えも含まれる）によってすぐ気が散ってしまう。
   (i) しばしば日々の活動（例：用事を足すこと、お使いをすること、青年期後期および成人では、電話を折り返しかけること、お金の支払い、会合の約束を守ること）で忘れっぽい。

(2) 多動性および衝動性：以下の症状のうち6つ（またはそれ以上）が少なくとも6カ月持続したことがあり、その程度は発達の水準に不相応で、社会的および学業的/職業的活動に直接、悪影響を及ぼすほどである：

注：それらの症状は、単なる反抗的態度、挑戦、敵意などの表れではなく、課題や指示を理解できないことでもない。青年期後期および成人（17歳以上）では、少なくとも5つ以上の症状が必要である。

(a) しばしば手足をそわそわ動かしたりトントン叩いたりする。またはいすの上でもじもじする。
(b) 席についていることが求められる場面でしばしば席を離れる（例：教室、職場、その他の作業場所で、またはそこにとどまることを要求される他の場面で、自分の場所を離れる）。
(c) 不適切な状況でしばしば走り回ったり、高い所へ登ったりする（注：青年または成人では、落ち着かない感じのみに限られるかもしれない）。
(d) 静かに遊んだり余暇活動につくことがしばしばできない。
(e) しばしば"じっとしていない"、またはまるで"エンジンで動かされているように"行動する（例：レストランや会議に長時間とどまることができないかまたは不快に感じる：他の人達には、落ち着かないとか、一緒にいることが困難と感じられるかもしれない）。
(f) しばしばしゃべりすぎる。
(g) しばしば質問が終わる前に出し抜いて答え始めてしまう（例：他の人達の言葉の続きを言ってしまう：会話で自分の番を待つことができない）。
(h) しばしば自分の順番を待つことが困難である（例：列に並んでいるとき）。
(i) しばしば他人を妨害し、邪魔する（例：会話、ゲーム、または活動に干渉する：相手に聞かずにまたは許可を得ずに他人の物を使い始めるかもしれない：青年または成人では、他人のしていることに口出ししたり、横取りすることがあるかもしれない）。

B. 不注意または多動性-衝動性の症状のうちいくつかが12歳になる前から存在していた。

C. 不注意または多動性-衝動性の症状のうちいくつかが2つ以上の状況（例：家庭、学校、職場：友人や親戚といるとき：その他の活動中）において存在する。

D. これらの症状が、社会的、学業的、または職場的機能を損なわせているまたはその質を低下させているという明確な証拠がある。

E. その症状は、統合失調症、または他の精神病性障害の経過中にのみ起こるものではなく、他の精神疾患（例：気分障害、不安症、解離症、パーソナリティ障害、物質中毒または離脱）ではうまく説明されない。

出典／日本精神神経学会（日本語版用語監修）、高橋三郎・大野裕監訳『DSM-5精神疾患の診断・統計マニュアル』p.58～59、医学書院、2014

LDの判断基準（文部科学省）

次の判断に基づき、原則としてチーム全員の了解に基づき判断を行う。

A. 知的能力の評価

　①全般的な知的発達の遅れがない。

- 個別式知能検査の結果から、全般的な知的発達の遅れがないことを確認する。
- 知的障害との境界付近の値を示すとともに、聞く、話す、読む、書く、計算する又は推論するのいずれかの学習の基礎的能力に特に著しい困難を示す場合は、その知的発達の遅れの程度や社会的適応性を考慮し、知的障害としての教育的対応が適当か、学習障害としての教育的対応が適当か判断する。

　②認知能力のアンバランスがある。

- 必要に応じ、複数の心理検査を実施し、対象児童生徒の認知能力にアンバランスがあることを確認するとともに、その特徴を把握する。

B. 国語等の基礎的能力の評価

　〇国語等の基礎的能力に著しいアンバランスがある。

- 校内委員会が提出した資料から、国語等の基礎的能力に著しいアンバランスがあることと、その特徴を把握する。ただし、小学校高学年以降にあっては、基礎的能力の遅れが全般的な遅れにつながっていることがあるので留意する必要がある。
- 国語等の基礎的能力の著しいアンバランスは、標準的な学力検査等の検査、調査により確認する。
- 国語等について標準的な学力検査を実施している場合には、その学力偏差値と知能検査の結果の知能偏差値の差がマイナスで、その差が一定の標準偏差以上あることを確認する。

なお、上記A及びBの評価の判断に必要な資料が得られていない場合は、不足の資料の再提出を校内委員会に求める。さらに必要に応じて、対象の児童生徒が在籍する学校での授業態度などの行動観察や保護者との面談などを実施する。

また、下記のC及びDの評価及び判断にも十分配慮する。

C. 医学的な評価

　〇学習障害の判断に当たっては、必要に応じて医学的な評価を受けることとする。

- 主治医の診断書や意見書などが提出されている場合には、学習障害を発生させる可能性のある疾患や状態像が認められるかどうか検討する。
- 胎生期周生期の状態、既往歴、生育歴あるいは検査結果から、中枢神経系機能障害（学習障害の原因となり得る状態像及びさらに重大な疾患）を疑う所見が見られた場合には、必要に応じて専門の医師又は医療機関に医学的評価を依頼する。

D. 他の障害や環境的要因が直接的原因でないことの判断
　①収集された資料から、他の障害や環境的要因が学習困難の直接的原因ではないことを確認する。
- 校内委員会で収集した資料から、他の障害や環境的要因が学習困難の直接の原因であるとは説明できないことを確認する。
- 判断に必要な資料が得られていない場合は、不足の資料の再提出を校内委員会に求めることとする。さらに再提出された資料によっても十分に判断できない場合には、必要に応じて、対象の児童生徒が在籍する学校での授業態度などの行動観察や保護者との面談などを実施する。

　②他の障害の診断をする場合には次の事項に留意する。
- 注意欠陥多動障害や広汎性発達障害が学習上の困難の直接の原因である場合は学習障害ではないが、注意欠陥多動障害と学習障害が重複する場合があることや、一部の広汎性発達障害と学習障害の近接性にかんがみて、注意欠陥多動障害や広汎性発達障害の診断があることのみで学習障害を否定せずに慎重な判断を行う必要がある。
- 発達性言語障害、発達性協調運動障害と学習障害は重複して出現することがあり得ることに留意する必要がある。
- 知的障害と学習障害は基本的には重複しないが、過去に知的障害と疑われたことがあることのみで学習障害を否定せず、「A.知的能力の評価」の基準により判断する。

出典／「学習障害児に関する指導について（報告）」文部科学省、平成11年7月

さくいん

あ

IQ（知能指数） ………………… 37、174、193
ICD－10 ………………………………………… 33
愛着 ……………………… 14、15、60、61、101
愛着障害 ………………………………… 60、61
相手（の）視点 …… 21、22、111、113、114、116、
　　　　　　　　　117、119、120
アスペルガー症候群 ……………………… 33、37
育児ファイル …………………………… 206、207
遺伝 ……………………………………… 34、35
動きのぎこちなさ、動きがぎこちない … 36、39、
　　　　　　　　　56～59、128～129
うつ …………………………………… 62、201
ASD ⇨ 自閉症スペクトラム障害
ADHD ⇨ 注意欠如多動性障害
絵カード ………… 41、95、108、163、164
LD ⇨ 学習障害
オウム返し …………………………… 36、38
追視 …………………………………… 51、54
落ち着きがない …… 11、20、44、60、65、78、143、
　　　　　　　　　149、151、177
親の会 ⇨ 家族会

か

書く、書くスキル ………………… 155～158
学習障害（LD） ……………… 26、30～33、37、
　　　　　　　　　50～52、54～55、170

覚醒レベル ………………… 78～79、95、150
家族会 …………………… 62、200、209、210
片付け ………………… 19、45、69、97～99
感覚過敏 ………… 67、71、73、81、101、125、141、
　　　　　　　　　147、150
感覚統合 ……………………………… 59、183
感覚の偏り ………… 31、36～37、39、42、52、85、
　　　　　　　　　130、156
かんしゃく …………………………… 10、16、19
着替え ………… 10、19、21、48、90～93、95、
　　　　　　　　　132～133、193
聞く、聞く力 ………………… 50～52、161～163
虐待 ……………………………………… 60、61
嗅覚 ………………………………… 39、42、43、81
教育委員会、教育センター ……… 167、169、188、
　　　　　　　　　189、196
きょうだい ……………………… 206、208～210
共同注意 ……………………………… 12、14、15
興味の偏り ………………………… 36～38、104
クールダウン …………………………… 119、139
計算 ………………… 50、51、53、159～161、216
言語聴覚士 …………………………… 170、181
原始反射 ……………………………… 12、13、42
健診 ……………………… 23、168、170、171、189
高機能自閉症 ……………………………… 33、37
校内委員会 …………………………………… 194
広汎性発達障害 …………………… 33、213、217
五感 ……………………………………… 39、42

心の理論	114
5歳児健診	23、24、171
子育て支援	166、168、187
こだわり	29、31、32、36〜38、81、91、104、122、138、140
言葉が出ない	16、18、36、38、53、106、107
ことばの教室	169
子ども発達支援センター	167、169
個別の教育支援計画	194
細かい作業、細かい運動	21、24、36、39、56〜58、91、133、136
コミュニケーション	14、36〜38、53、101、104、108、113、186、202、212、213
固有覚	39、42、43、47、59、84、129、133

さ

作業療法士	181
サポーター	187、195、200、201
視覚	39、41〜43、81、141、143
しかる	49、61
思考のくせ	111、119
自己肯定感	48、62
自己主張	19
自尊心	21、26、34、47、49、57〜59、62、95、98、130、131
しつけ	28、199
実行機能	45
児童家庭支援センター	167、168
児童精神科、児童精神科医	169、172
児童相談所、児童相談センター	167、168、178
児童発達支援	179、180
自分(の)視点	21、22、119
自閉症	30、33、40
自閉症・情緒障害児学級	190、191
自閉症スペクトラム障害(ASD)	23、30〜33、36、37、40、67、104、114、141、170、212
社会性	26、51、60
就学時健診	171、189
就学相談	167、169、171、188〜190、195
集団活動、集団生活、集団場面	19、22、23、26、124、125、148、171、184〜186、192、193
就労	169、178、196
受給者証	178〜180
順番	20、22、121〜123
障害者手帳	178、179
障害名	31、33〜35、65
衝動性、衝動的	23、32、44、45、47、48、111、119、122、147
触覚	14、39、42、43、58、67、69、75、81、133、141
触覚過敏	42、67、69、71、72、76、81、91、101
ジョブコーチ	196
自立	21、25、26、58、60、87、180、191、195
診断	11、23、30〜35、37、169、172、175、212〜217
診断基準	33、37、170、175、212、214
推論	50、51、53、216
スキンシップ	14、15、89、101
スクールカウンセラー	55、167、169、194〜196
生活習慣	21、25、26、133
生活障害	30
整理整とん	44、97

セルフコントロール……………………151
全身運動、全身を動かす…… 21、25、56、57、130、
　　　　　　　　　　　　 131、134
前庭覚……………… 39、42、43、47、84、129
前頭前野………………………………… 45、46
専門家……………… 168、169、181、195
専門機関……………… 167、168、170、194

た

大学、大学進学…………………………196
対人関係……………………………… 32、37
多動、多動性…… 17、26、30、32、44、45、47、60、
　　　　　　　125、145、177、186
知的障害……… 37、51、178、190、193、216、217
知的障害児学級…………………………191
知的発達………………………… 25、26、51、171
知能検査……………………… 173、174、216
注意欠如多動性障害（ADHD）…………… 26、
　　　　30〜33、37、44〜46、51、170、176
中枢神経…………………………… 51、122、176
聴覚……………… 39、41〜43、51、81、141、143、148
聴覚過敏…………………… 52、54、147、148
通級指導教室、通級による指導……191、195
通常の学級………………………… 190〜195
DSM-5……………………… 33、37、212〜214
DCD⇒発達性協調運動障害
手順……………… 19、36、38、41、91、92、95、129
特性……………… 29〜35、38、39、44、45、50、56、
　　　　61、62、172、175、186、204、205、209
特別支援学級…………………… 190〜193、195
特別支援学校…………………… 178、190、191

特別支援教育………………… 125、185、194
特別支援教育コーディネーター………… 55、167、
　　　　　　　　　　　　 169、194、196
特別支援教育支援員……………………195
鈍感……… 39、41〜43、47、58、65、91、129、133、
　　　　　　　　　　　　 143、150

な

二語文……………………………………16
二次障害………………………… 34、60、62
認知…… 51〜53、154、170、171、180〜183、216
脳(の)機能、脳の働き方………… 28〜30、35、37、
　　　　　　　　　　　　 45、46
脳のくせ……………………… 116、122、139

は

排せつ………………………………… 87〜89
発達過程………………… 12、16、20、24、42
発達検査……………… 168、172〜174、180、189
発達障害………… 10、11、19、23、28、30〜33、
　　　35、37、60〜62、168〜170、172、174〜176、
　　　178、184、185、191、198、199、201、208、210
発達障害者支援センター……………167、169
発達性協調運動障害（DCD）…………… 56、57
パニック…… 10、20、22、23、38、40、73、74、
　　　　　　　138、139、141、146、147
判断基準…………………………… 51、216
非言語……………………………………101
人とのかかわり…………… 18、36、37、40、104
人見知り………………………… 12、15、36、60
敏感…………… 13、14、39、41〜43、81、146、147

不器用	10、20、21、36、39、51～53、56、57、59、84、85、91、132、133、156、181
不注意	26、32、44、45、47、95、96、125、214、215
偏食	43、80、82
保育園、保育所	119、166～168、171、179、184、187、188
放課後等デイサービス	169、179
保健師	168、170
保健所、保健センター	166、168、172
母子手帳	172、190
ボディイメージ	91、92、129～131
ほめ（る）	15、19、26、48、49、59、117、130

ま

マッサージ	14、73、79、136、144、151
見通し	25、40、49、60、95、125、126、139、143、145
見る、見る力	12、14、41、51、53、54、91、95、98、131、153、156、161、162、183

や

指さし	12、14、15、16、108、162、170
幼稚園	22、88、119、167、168、171、184
読む、読むスキル	50、51、152～154、216

ら

理学療法士	181
療育、療育機関	167、169、173～176、179～183
療育手帳	168、178、190
利用者支援事業	201
リラクゼーション、リラックス	73、79、136
臨床心理士	170、181、188、195
ルール	22、24、26、121～123
レスパイト事業	201

わ

ワーキングメモリ	46、52、53、95、156
忘れ物	44、46、94～96

参考文献

『DSM-5対応　神経発達障害のすべて（こころの科学Special Issue）』連合大学院小児発達学研究科　森則夫・杉山登志郎 編（日本評論社）2014

『脳とこころのプライマリケア4　子どもの発達と行動』日野原重明・宮岡等 監修　飯田順三 編集（シナジー）2010

『障害児保育ワークブック』星山麻木 編著　藤原里美 著（萌文書林）2012

『おかあさん・おとうさんがつくる育児ファイル　子どものポートフォリオをつくろう』星山麻木 著（東洋館出版社）2006

『発達障害の子のビジョン・トレーニング　視覚を鍛えて読み書き・運動上手に！』北出勝也 監修（講談社）2011

『発達障害とその子「らしさ」～児童精神科医が出会った子どもたち～』田中哲 著（いのちのことば社）2013

『多様な子どもたちの発達支援　なぜこの行動？　なぜの対応？　理解できる10の視点』藤原里美 著（学研教育みらい）2015

『多様な子どもたちの発達支援　園内研修ガイド』藤原里美 著（学研教育みらい）2015

『はじめての療育　わかって安心！　発達障害の子どもとの上手なかかわり方』藤原里美 著　おちゃづけ 漫画（学研教育出版）2015

おわりに

　子どもの行動には必ず理由があります。
　もし子どもが自分の行動について、その理由を説明することができたら、なんと言うでしょう。
　「体の中の感覚が足りなくて、走っちゃうんだよ」
　「話はちゃんと聞いているけれど、行動しているうちに忘れちゃうの」
　「しっかり見ているけど、形が正しくわからない」
　……そんなふうに伝えるかもしれません。
　でも、実際はこんなに丁寧に話してはくれませんね。だからこそ、その「見えない理由」を、この本を通じて皆さんに説明したいと思いました。

　「ママがこのごろ優しいの。ぼくの気持ちをよくわかってくれる」とうれしそうに報告する子がいました。「先生がママに教えてくれたの？」とわたしに聞くので、「一緒に考えたよ。こう思っているのかもって」と答えると、「だからだ。ぼくの言いたいことを、わかってくれる」とにっこり笑います。
　この子のお母さんは振り返ります。
　「なんでみんなと同じにできないの？　そう言って子どもを責めるばかりでした」。「違うことは不安ですよね」とわたしがうなずくと、「そうです、今でも不安です。でも、いちばん困っているのは本人。わたしが味方にならなくてどうする！……だから、この子をもっと理解するために、子どもの発達を学びたいと思います」と宣言されました。

「わが子を理解するために学ぶ」……なんてすてきなことでしょう。子どもを一個人として尊重できていなければ、こうした言葉は出てきません。そして、子どもを尊重することが『愛する』ことになり、この思いは必ずお子さんに伝わるのです。

　もう1つ、この本を通じて伝えたいことがあります。それは、悩んでいるのはあなただけではないということ。あなたのそばには、あなたを助けたい、力になりたいと考えている人が必ずいるはずです。ですから、この本にある情報を上手に活用して、自分の不安や心配を相談し、支えてくれる人を見つけてほしいと思います。子どもの発達を支えるためには、ご家族がだれかに支えられていることが必要なのですから。

　お子さんにとって、自分のことで悩んだり悲しんだりするご家族を見るのは、とてもつらいことです。この本が、お子さんを知り愛するため、笑顔でお子さんと向き合うための手助けになりますように。願いを込めて。

2015年12月　　藤原里美

監修 　**田中 哲（たなか さとし）**
子どもと家族のメンタルクリニックやまねこ院長。児童精神医。
北海道大学医学部卒業後、同大学医学部精神科に入局。その後市立札幌病院静療院児童部、
北小田原病院副院長、東京都梅ヶ丘病院精神科部長、同病院副院長、東京都立小児総合医療センター
副院長・子ども家族支援部門長などを経て現職。
日々子どもの診療を行うとともに、発達障害のある子の地域ネットワーク作りや虐待防止活動にも力を注ぐ。

藤原里美（ふじわら さとみ）
一般社団法人チャイルドフッド・ラボ代表理事、臨床発達心理士、自閉症スペクトラム支援士、
早期発達支援コーディネーター SV、保育士。
東京都立小児総合医療センター保育主任技術員、明星大学非常勤講師（障害児保育）を経て現職。
発達障害のある子どもの療育、家族の支援を行うとともに、支援者育成にも力を注ぐ。

一般社団法人 こども家族早期発達支援学会　　http://kodomokazoku.jp/
監修者（田中・藤原）が特別顧問を務める。乳幼児期からの適切な支援と、発達の多様性に対応する
専門性の高い人材育成、支援ネットワークを確立し、子どもと家族が生涯にわたって支援を受けられ
る社会をめざす。支援者育成、資格認定のほか、保護者向けの研修会・講演会も数多く開催している。

取材協力　野口哲也（東京都・聖愛幼稚園園長）　馬場裕美（東京都・立川市立西立川保育園園長）
STAFF
企画編集：　小林留美
ブックデザイン：村崎和寿（murasaki design）
カバーイラスト：カワツナツコ
本文イラスト：　今井久恵　sayasans
編集協力：　中野明子

 発達障害のある子を理解して育てる本

2015年12月15日　第1刷発行
2022年 3月 3日　第6刷発行
監　修：　田中哲　藤原里美
発行人：　甲原 洋
編集人：　木村友一
企画編集：　東郷美和
発行所：　株式会社学研教育みらい　〒141-8416　東京都品川区西五反田2-11-8
発売元：　株式会社学研プラス　〒141-8415　東京都品川区西五反田2-11-8
印刷・製本所：　大日本印刷株式会社

この本に関するお問い合わせ先
●本の内容については、下記サイトのお問い合わせフォームよりお願いします。
　https://gakken-kyoikumirai.co.jp/contact/
●在庫については、Tel 03-6431-1250（販売部）
●不良品（乱丁、落丁）については、Tel 0570-000577
　学研業務センター　〒354-0045　埼玉県入間郡三芳町上富279-1
●上記以外のお問い合わせ先は、Tel 0570-056-710（学研グループ総合案内）

本書の無断転載、複製・複写（コピー）、翻訳を禁じます。
本書を代行業者等の第三者に依頼してスキャンやデジタル化することは、たとえ個人や家庭内の利用であっても、
著作権法上、認められていません。
複製（コピー）をご希望の方は、下記までご連絡ください。
日本複製権センター https://jrrc.or.jp/　　E-mail jrrc_info@jrrc.or.jp
Ⓡ〈日本複製権センター委託出版物〉
学研の書籍・雑誌についての新刊情報・詳細情報は、右記をご覧ください。学研出版サイト　http://hon.gakken.jp/